왕의 승리
다윗의 하나님나라

초판 1쇄 발행 2009년 9월 15일

지은이 | 이종수
펴낸이 | 정종현
펴낸곳 | 도서출판 누가
표지디자인 | 안흥섭 | 아트엘
편집 | 김민지 | 아트엘
제작 | 이영목

등록번호 | 제20-342호
등록일자 2000. 8. 30
서울시 동작구 상도2동 186-7
전화 | **(02)826-8802**   팩스 | **(02)825-0079**

정가 **8,000원**
ISBN 978-89-92735-39-1

파본은 교환해 드립니다.
이 출판물은 저작권법에 의해 보호를 받는
저작물이므로 무단 복제할 수 없습니다.
독자의 의견을 기다립니다
Lukevision@hanmail.net

왕의 승리
다윗의 하나님나라

이종수 지음

01 기름 부음   *12*
    1 기름 부음과 세례
    2 기름 부음 받은 자를 공경하라
    3 기름 부은 왕을 노래하라
    4 기름 부음으로 시작된 하나님나라

02 하나님나라의 시험   *48*
    1 광야에서
    2 숫자가 아니라 진짜가 필요하다
    3 계산법이 다르다
    4 하나님 어떻게 할까요?
    5 내 백성을 위로하라
    6 뱀 같이 지혜롭고 비둘기 같이 순결하라

03 왕의 승리   *106*
    1 세상나라의 왕과 하나님나라의 왕
    2 나의 왕은 누구인가
    3 왕의 실패
        1) 내 방법 / 2) 내 능력 / 3) 내 목적
    4 왕의 아픔과 아버지의 마음
        1) 내 아들 압살롬아 / 2) 기브온 사람들의 한 / 3) 왕의 유언
    5 왕의 승리

04 다윗의 하나님나라   *178*

| 감사의 말 |

저는 인생의 황금기를 불신앙 속에서 보냈습니다. 30세쯤 교회에 다니기 시작했지만 하나님을 알지 못한 채 또 10년 정도를 허송했습니다. 그렇게 어둠 속에서 살고 있을 때 (그때는 물론 스스로는 그렇게 생각하지 않았지만) 제 인생의 전환점이 된 한 분이 찾아오셨습니다. 그때의 결단으로 저는 예수님을 향하여 달려가기 시작했습니다. 주저앉기도 했습니다. 주춤거리기도 했습니다. 부딪치기도 했습니다. 넘어지기도 했습니다. 헛발질도 했습니다. 그러나 그분은 그런 저에게 한 번도 어떻다 말씀하신 적이 없었습니다. 저는 그렇게 조금씩 하나님의 사람으로 자라고 있습니다.

그런 제가 많은 그리스도인들처럼 다윗을 좋아하게 되었습니다. 이유는 한 가지 하나님께서 좋아하셨기 때문입니다. 다윗을 닮고 싶었습니다. 그런데 하나님께서는 왜 그처럼 다윗을 좋아하셨을까 궁금했습니다. 언젠가 청년대학부 예배에서 몇 차례에 걸쳐 다윗의 삶에 대해 말씀을 나누던 중 이 책의 본문에 그려놓은 그림 한

장이 선명히 떠올랐습니다. '다윗의 하나님나라' 이야기는 그 그림에서 출발했습니다.

저는 신앙의 경륜이나 무슨 특별한 은사 체험이 있는 것도 아닙니다. 더더구나 체계적인 신학 지식도 없습니다. 미숙하고 단편적이지만 그래도 하나님나라에 대한 소망과 안타까움을 가지고 쓴 이 글이 그 나라의 부흥을 꿈꾸는 이 땅의 모든 성도들에게 작은 기쁨과 자극이 되었으면 합니다.

제 인생의 방향을 바꿔 주신 장병혁 목사님과 인천 신명중앙교회 성도님들, 하나님의 백성으로의 삶과 하나님나라에 대해 새롭게 눈을 열어 주신 여수새중앙교회 서석만 목사님께 감사를 드립니다. 그리고 무엇보다도 먼저 저의 든든한 지지자이자 조언자인 아내 성종숙 권사와 세 자녀(자영, 우영, 경근)와 함께 이 모든 것을 주신 하나님께 영광과 찬송을 드립니다.

Chapter 01 | 기름 부음

Victory of King

이에 사람을 보내어 그를 데려오매 그의 빛이 붉고 눈이 빼어나고 얼굴이 아름답더라 여호와께서 이르시되 이가 그니 일어나 기름을 부으라 하시는지라 사무엘이 기름 뿔병을 가져다가 그의 형제 중에서 그에게 부었더니 이 날 이후로 다윗이 여호와의 영에게 크게 감동되니라 사무엘이 떠나서 라마로 가니라

삼상 16:12-13

01 기름 부음

기름 부음과 세례

이에 사람을 보내어 그를 데려오매 그의 빛이 붉고 눈이 빼어나고 얼굴이 아름답더라 여호와께서 이르시되 이가 그니 일어나 기름을 부으라 하시는지라 사무엘이 기름 뿔 병을 가져다가 그의 형제 중에서 그에게 부었더니 이 날 이후로 다윗이 여호와의 영에게 크게 감동되니라 사무엘 이 떠나서 라마로 가니라 삼상 16:12-13

다윗왕국은 기름 부음의 의식으로부터 시작되었습니다.

말이 왕국이지 겉으로 드러난 모습이나 그 시대적 상황은 밝지 못했습니다.

하나님께서 이스라엘의 초대 왕인 사울을 폐하고 왕의 이웃에게 나라를 떼어주기로 했다는 최후통첩을 사무엘로부터 들은 사울은 두려웠습니다. 하나님께 경배함으로 그 뜻을 돌이켜 보려고도 했지만 그것으로 끝이었습니다. 사무엘은 자신이 기름 부어 세운 왕이 폐위된다는 사실이 슬펐습니다. 그것 때문에 사무엘은 죽을 때까지 더 이상 사울을 보지 않았습니다.

사무엘은 평생을 하나님 앞에서 행한 사람입니다. 그는 누구보다도 하나님이 어떤 분이신지 잘 알았습니다. 그래서 사울을 위해 자신이 할 수 있는 일이 아무 것도 없음 또한 너무나 잘 알았습니다.

슬픔에 빠져 있는 사무엘에게 하나님께서 찾아오셨습니다.

"내가 사울을 버려 이스라엘의 왕이 되지 못하게 하였는데, 너는 그 일로 언제까지 슬퍼하겠느냐? 너는 기름을 뿔에 채워가지고 가서 내가 미리 왕을 삼고자 정한 자에게 나를 위하여 기름을 부어라."

사무엘은 하나님께서 말씀하신대로 베들레헴으로 갔습니다. 사무엘이 등장하자 베들레헴의 유지들은 긴장 가운데 그를 맞았습니다. 그 시대의 영적 권위자요 이스라엘의 실력자인 사무엘이 온다는 사실이 그들에게는 두려웠을 것이고, 그 이유 또한 무척이나 궁금했을 것입니다.

사무엘은 이스라엘의 새 왕에게 기름 부으러 온 자신의 목적을 말할 수 없었습니다. 아직은 사울 왕이 생존해 있었고 그의 세력 역시 여전히 실재했기 때문입니다.

"평강을 위하여 오십니까?"

"평강을 위해 왔소."

짧은 문답이지만 이 말 속에는 이제 시작될 다윗의 하나님나라의 특징이 잘 드러나 있습니다.

> 하나님의 나라는 먹는 것과 마시는 것이 아니요 오직 성령 안에 있는 의와 평강과 희락이라 (롬 14:17)

사무엘은 겉으로는 평강을 위하여 왔다고 말했지만 결과적으로는 이 땅에 세워질 하나님의 나라를 위해서 베들레헴에 온 것입니다.

구약시대에서 '기름 부음' 중요한 의식(儀式)으로서 두 가지 목적이 있었습니다. 하나는 직분이나 사역을 행하게 하기 위한 권위의 위임이요, 다른 하나는 그 권위의 수행에 합당하도록 거룩하게 하는 것입니다.

    하나님의 역사에서 다윗의 공식적인 등장은 사무엘을 통하여 기름 부음 받는 의식으로부터 시작됩니다. 양을 치는 다윗에게 사무엘이 기름 부음의 의식을 행하자 모든 사람들이 의아하게 여겼던 것 같습니다. 다윗의 아버지 이새가 다른 아들들은 모두 소개하면서 다윗은 안중에도 없었던 것을 보더라도 그러하고, 사무엘에게 이새의 가족에 대한 정보가 없었던 것을 보더라도 미루어 알 수 있습니다. 아마 당사자인 다윗조차도 얼떨떨했을 것입니다.

    어찌되었든 기름 부음의 의식을 통하여 다윗이 등장한다는 것 자체가 심상치 않습니다.

    한편 예수님께서 공생애 사역을 시작하시기 전 가장 먼저 하신 일은 자청하여 세례 요한으로부터 물로 세례를 받으신 것입니다. '기름 부음'의 의식이 '세례' 의식으로 바뀌었을 뿐 다윗이 기름 부음을 통해 하나님나라의 역사에 등장한 것처럼 예수님도 세례를 통해 이 땅의 사역을 시작하셨습니다.

    예수님께서는 이 땅의 사역을 하기 위하여 사실 구약시대와 같은 하나님의 대리인으로부터의 기름 부음이나 세례와 같은 의식이 필요 없습니다. 예수님 자신이 이미 메시야 즉 '기름 부음 받은 자'요, '완전한 하나님' 이시고, '거룩하신 분' 이시기 때문입니다. 그럼에도 불구하고 자청하여 세례 요한으로부터 물로 세례를 받으신 이유가 무엇입니까? 자신을 보내신 하나님의 뜻을 이루시기 위함이었습니다.

> 우리가 이와 같이 하여 모든 의를 이루는 것이 합당하니라
> (마 3:15)

이 땅에 육신으로 오신 예수님은 단 한 번도 자신의 생각대로 행하시지 않았습니다. 하나님께서는 죄로 인해 벌어진 자신과 사람들 사이의 틈을 메우는 화목제물로 삼으시려는 뜻으로 예수님을 보내셨습니다. 예수님께서 그 중대한 임무를 수행하시기 전 가장 먼저 세례를 받으신 것은 하나님과의 화목을 위한 전제조건이 세례를 통한 그리스도와의 연합임을 상징적으로 보여주신 것입니다. 마태는 이 장면을 다음과 같이 감격적으로 기록합니다.

> 예수께서 세례를 받으시고 곧 물에서 올라오실새 하늘이 열리고
> 하나님의 성령이 비둘기 같이 내려 자기 위에 임하심을 보시더니
> 하늘로부터 소리가 있어 말씀하시되 이는 내 사랑하는 아들이요
> 내 기뻐하는 자라 하시니라 (마 3:16-17)

예수님께서 세례를 받으신 후 하늘로부터 성령이 임했던 것처럼 다윗도 기름 부음을 통하여 '그 날 이후' 하나님의 영이 임하였

습니다. 기름 부음을 받은 하나님의 사람의 가장 큰 특징은 하나님의 영 즉 성령이 함께 한다는 것입니다.

다윗왕국의 시작은 다소 황당하기까지 합니다. 하나님께서 사울 왕을 버리기로 작정하시고 새 왕을 세우고자 하신 시대적 상황이 있기는 하지만 일개 무명의 목동에 불과했던 어린 다윗에게 기름을 붓게 하신 것은 너무나도 극적인 일이었습니다. 누구보다 다윗에 대하여 잘 알았을 아버지 이새조차 어리둥절했던 것을 보십시오.

사무엘과 베들레헴의 장로들이 모인 자리에 이새와 그의 아들들이 초청되었습니다. 장로들은 하나님께 제사 드리는 것만 알았지, 이새와 그 아들들이 왜 참석했는지에 대해서는 몰랐습니다. 모르기는 이새 역시 마찬가지였습니다.

사무엘 앞에 이새의 맏아들 엘리압이 불려나왔습니다.

'용모가 출중한 걸 보니 하나님께서 말씀하신 자가 틀림없어 보여' 사무엘은 속으로 생각했습니다.

'이 자가 틀림없어.'

그러나 하나님의 생각과 하나님의 일하시는 방식은 언제나 우리의 사고를 뛰어넘습니다.

> 내 생각이 너희의 생각과 다르며 내 길은 너희의 길과 다름이니라
> (사 55:8)

하나님께서는 사무엘의 생각이 틀렸음을 분명하게 지적하셨습니다.

> 그의 용모와 키를 보지 말라 내가 이미 그를 버렸노라 내가 보는 것은 사람과 같지 아니하니 사람은 외모를 보거니와 나 여호와는 중심을 보느니라 (삼상 16:7)

아비나답도 아니었고, 삼마도 아니었습니다. 이새가 데리고 온 일곱 아들 모두 아니라고 하십니다. 분명히 하나님으로부터 이새의 아들로 기름 부으라 하신 음성을 들었던 사무엘은 당황했습니다.

"여기 데리고 오지 않은 아들이 또 있습니까?"

아버지 이새조차 생각하지 않았던 막내아들 다윗이 등장하자 비로소 하나님께서는 사무엘에게 기름 붓는 것을 허락하셨습니다.

하나님의 사람 사무엘에게 기름 부음을 받던 당시 다윗이 어떤 사람이었는가를 설명하는 구절은 많지 않지만 몇몇 말씀들을 통하여 그의 면모를 엿볼 수 있습니다. 그는 유다지파의 후손으로서 보아스와 룻의 증손자이었고, 아버지 이새의 여덟 번째 아들이었으며, 베들레헴에서 아버지의 양을 치는 일을 돕는 13세 쯤 된 어린 목자였습니다. 그의 외모는 빛이 붉고 눈이 빼어나고 얼굴이 아름다우며 용기와 무용과 구변이 있고 준수했습니다. 본인의 얘기이긴

하지만 사자나 곰이 와서 새끼 양을 물어 가면 따라가서 그것을 치고 그 입에서 새끼를 건져냈고, 그것들이 일어나 덤벼들면 수염을 잡고 쳐 죽였다고 하니 체력과 용기 또한 대단한 사내였던 모양입니다. (삼상 17:34-35 참조)

양떼들이 풀을 뜯고 있는 동안 그가 할 수 있는 것은 수금을 타며 노래하거나 돌멩이를 가지고 양을 노리는 짐승들을 쫓는 일뿐이었을 것입니다. 그래서인지 그는 수금을 잘 타고 돌팔매질을 잘했습니다. 낮에는 양떼들이 친구였고, 밤에는 쏟아져 내릴 것만 같은 달과 별들이 소망의 유일한 창구였습니다.

나는 어린 시절 전기도 들어오지 않고 사방이 산으로 둘러싸인 소(小)란 마을에서 자랐습니다. 학교를 마치면 책 보따리를 마루에 던져 놓고 들로 산으로 뛰어다니며 노는 것이 유일한 즐거움이었습니다. 이십 리가 넘는 읍내에서는 닷새마다 장이 섰는데, 어머니가 장에 내다 팔려고 밭이나 산에서 뜯은 채소나 나물 따위를 챙겨서 새벽같이 가신 날이면 하루 종일 놀다가도 해질녘이 되면 마을 앞으로 뛰어가 읍내 쪽을 내려다봅니다. 그렇게 소달구지에 짐을 실어 보내고 지친 몸으로 걸어오시던 어머니를 기다립니다. 어머니께서 들고 오신 짐 보따리를 풀면 쭈글쭈글해진 풀빵이나 사탕 몇 개가 꼭 들어 있었는데 내가 기다리던 것은 아마 그것들이 아니었나

싶습니다.

잡음이 심해 제대로 알아듣기조차 힘든 베개만한 라디오가 세상과 통하는 유일한 통로였던 시절이었지만, 여름밤 하늘에 깨알처럼 점점이 박혀있는 수많은 별들을 바라보고 있노라면 어린 상상력은 조그마한 시골마을을 훌쩍 뛰어넘어 하늘 끝까지 날아가곤 했습니다.

'저 하늘 끝은 어디일까? 끝이 있다면 그 다음은?'

이렇게 시작된 의문은 또 이렇게 확장되어 이어집니다.

'시간의 시작은? 시작이 있다면 그 이전은?'

세상의 어떤 학자도 내게 명확한 답을 주지 못했는데 늦게 예수님을 믿고서야 창세기 속에서 그 해답을 얻었습니다.

'예수님을 좀 더 빨리 알았더라면 쓸 데 없는 고민대신 그분과 더 친밀함을 누리는 즐거움을 맛 볼 수 있었을 텐데…'

너무나도 아쉽습니다.

하나님께서 아브라함을 축복하실 때, 그를 장막 밖으로 끌어내어 밤하늘의 별들을 바라보게 하셨습니다. 나는 성경에서 그 장면을 읽을 때마다 아브라함의 가슴 벅찬 감격이 느껴집니다. 헤아릴 수 없는 별들만큼이나 크고 무한하신 당신의 경륜과 능력을 보여주시고 싶었던 하나님의 마음도 함께 말입니다.

다윗은 장막 밖으로 나와 양떼들 옆에 모닥불을 피워놓고 하루의 고단했던 몸을 쉬었습니다. 달빛과 별빛을 온몸으로 받으며 수금을 연주하고 노래를 불렀습니다. 달과 별들을 보며 노래를 부를 때마다 그는 절대자의 통치 아래 있는 자신의 존재를 깨달았습니다. 그분께 굴복할 때 모든 만물이 조화롭게 운행함을 알았습니다. 이러한 사실은 그의 시편 노래들을 통해서 알 수 있습니다.

> 주의 손가락으로 만드신 주의 하늘과
> 주께서 베풀어 두신 달과 별들을 내가 보오니
> 사람이 무엇이기에 주께서 그를 생각하시며
> 인자가 무엇이기에 주께서 그를 돌보시나이까
> 그를 하나님보다 조금 못하게 하시고
> 영화와 존귀로 관을 씌우셨나이다
> 주의 손으로 만드신 것을 다스리게 하시고
> 만물을 그의 발 아래 두셨으니
> 곧 모든 소와 양과 들짐승이며
> 공중의 새와 바다의 물고기와 바닷길에 다니는 것이니이다
> 여호와 우리 주여
> 주의 이름이 온 땅에 어찌 그리 아름다운지요 시 8:3-9

다윗이 노래를 부를 때마다 그를 둘러싸고 있는 자연환경과 시간들은 그의 보호자요 스승이 되어 주었고, 친구요 연인이 되어 주었습니다.

> 하늘이 하나님의 영광을 선포하고
> 궁창이 그의 손으로 하신 일을 나타내는도다
> 날은 날에게 말하고 밤은 밤에게 지식을 전하니
> 언어도 없고 말씀도 없으며 들리는 소리도 없으나
> 그의 소리가 온 땅에 통하고
> 그의 말씀이 세상 끝까지 이르도다
> 하나님이 해를 위하여 하늘에 장막을 베푸셨도다
> 해는 그의 신방에서 나오는 신랑과 같고
> 그의 길을 달리기 기뻐하는 장사 같아서
> 하늘 이 끝에서 나와서 하늘 저 끝까지 운행함이여
> 그의 열기에서 피할 자가 없도다 시 19:1-6

이 시편 19편 1과 2절을 영어성경은 다음과 같이 재미있게 표현하고 있습니다.

"God's glory is on tour in the skies,
God-craft on exhibit across the horizon.

Madame Day holds classes every morning,
Professor Night lectures each evening." (MSG)
(하나님의 영광이 하늘 여행을 떠나시고,
하나님의 작품이 지평선을 따라 전시중이도다.
'낮' 부인은 아침마다 학생들을 불러 모으고,
'밤' 교수는 매일 저녁 가르치시니)

다윗은 아침에 떠오르는 빛나는 태양을 바라보며 하루를 시작했고, 지평선을 물들이는 석양을 바라보며 하루 일과를 마쳤습니다. 그는 낮과 밤이 그의 보호자요 스승이었다고 노래합니다.

시편 곳곳에서 볼 수 있는 다윗의 아름다운 감수성은 양떼들과 함께 성장한 환경에서 다듬어졌을 것입니다.

하나님의 피조물의 위대함이여!

하나님이 만드신 것은 모두 선하고 아름답습니다. 하나님께서는 피조물들끼리 서로 연합하도록 하셨습니다. 창조의 질서 아래에서 피조물들이 서로 연합할 때 하나님의 위대하신 능력을 경험할 수 있습니다. 반대로 그 창조의 질서가 깨졌을 때 하나님의 위대함은 사라지고 탄식과 고통이 남게 될 것입니다. 이것이야말로 이 시대, 우리가 겪고 있는 가장 큰 문제입니다. 파괴되고 오염된 자연환경, 진화론의 굴레 안에 갇혀 창조의 질서를 부정하고 탐욕의 도구

화된 교육현장, 관능과 정욕을 부추기는 세속문화, 교만과 정욕을 한껏 부추기는 세속적 성공관 등 회복해야 할 것들이 너무 많은 시대를 살아가고 있습니다.

> 피조물이 다 이제까지 함께 탄식하며 함께 고통을 겪고 있는 것을 우리가 아느니라 (롬 8:22)

어느 날 느닷없이 하나님께서 다윗을 찾아오셨습니다. 모세에게는 떨기나무 숲의 불로 나타나셨는데 다윗에게는 일종의 의식(儀式)인 '기름 부음'을 통해 찾아오신 것입니다. 어떤 방법으로 만났든 하나님을 만난 자의 가장 큰 특징은 그가 이제부터 '성령님과 함께' 한다는 것입니다. 이것에 대하여 사무엘상 16장 13절은 다음과 같이 말씀하십니다.

"이 날 이후로 다윗이 여호와 영에 크게 감동되었다"

바울은 로마서 8장 9절에서 "누구든지 그리스도의 영이 없으면 그리스도의 사람이 아니라"고 말합니다. 성령의 이끌림을 받는 자, 성령이 충만한 자로 사는 것이 기름 부음의 증거가 될 것입니다.

이 기름 부음의 의미는 다윗은 더 이상 아버지 이새의 양을 치는 목자가 아니라 영원한 아버지이신 하나님의 양을 치는 목자가 되어야 한다는 것입니다. 예수님이 하나님의 뜻을 이루기 위해 이 땅에 오셔서 요한으로부터 세례를 받고 하나님나라의 복음을 전파하셨던 것처럼 다윗도 사무엘로부터 기름 부음을 받고 다윗의 하나님나라를 세우는 삶을 시작합니다. 다윗 자신이 하나님의 큰 뜻을 알았든 몰랐든 상관없이 하나님께서는 이제부터 다윗을 통해 그분의 방법대로 그 일을 하시기로 작정하셨기 때문입니다.

> 여호와는 그들의 힘이시요 그의 기름 부음 받은 자의 구원의 요새이시로다 (시28:8)

기름 부음 받은 자를 공경하라

> 다윗의 사람들이 이르되 보소서 여호와께서 당신에게 이르시기를 내가 원수를 네 손에 넘기리니 네 생각에 좋은 대로 그에게 행하라 하시더니 이것이 그 날이니이다 하니 다윗이 일어나서 사울의 겉옷 자락을 가만히 베니라 그리 한 후에 사울의 옷자락 벰으로 말미암아 다윗의 마음이 찔려 자기 사람들에게 이르되 내가 손을 들어 여호와의 기름 부음을 받은 내 주를 치는 것은 여호와께서 금하시는 것이니 그는 여호와의 기름 부음을 받은 자가 됨이니라 하고 다윗이 이 말로 자기 사람들을 금하여 사울을 해하지 못하게 하니라 사울이 일어나 굴에서 나가 자기 길을 가니라 (삼상 24:4-7)

다윗이 엔게디 광야에서 도피 중이라는 정보를 입수한 사울은 다윗을 잡으려고 삼천 명을 거느리고 왔습니다. 다윗을 쫓던 중 뒤가 마려운 사울은 적당한 장소를 찾다가 길 가 양의 우리에 있는 굴을 발견하고는 그리로 들어갔습니다. 그런데 하필이면 다윗과 그의 사람들이 숨어있던 굴이었습니다. 제법 깊고 클 것이라 여겨지는 그 굴에 사울이 자기 발로 걸어서 들어온 것입니다.

순간 굴속에는 긴장감이 감돌았습니다.

"하나님이 말씀하신 때가 왔습니다."

"원수를 죽일 절호의 기회입니다."

함께 있던 사람들의 말을 듣던 다윗은 칼을 빼들고 용변을 보고 있는 사울 뒤로 조용히 다가갔습니다. 그리고는 사울의 겉옷자락만 가만히 베었습니다. 전혀 눈치 채지 못하고 일을 본 사울은 굴을 빠져나갔습니다. 다윗의 사람들은 이러한 다윗의 행동에 어이가 없을 뿐입니다.

"아니 어떻게 그럴 수가 있습니까?"

"우리가 누구 때문에 이 고생인데 그냥 살려줍니까?"

"이건 하나님이 주신 기회가 아닙니까?"

그러나 다윗의 생각은 달랐습니다.

"내 손으로 하나님의 기름 부음 받은 자를 칠 수는 없소."

다윗은 오히려 사울의 겉옷자락을 벤 것이 마음에 찔려서 돌아서서 나가는 사울을 불러 돌아보게 한 후 그를 향해 땅에 엎드렸습니다. 그리고는 사울을 향하여 자신의 진심을 토로했습니다. 둘 사이에는 오직 하나님만이 재판장이 되시기를 원한다는 다윗의 말에 사울도 순간 감동을 받습니다. 악을 선으로 갚는 다윗의 모습에서 그가 반드시 왕이 되리라는 예언이 실현될 것임을 사울도 직감했던 것 같습니다. 그렇게도 죽이고 싶었던 다윗을 눈앞에 두고 사울은 집으로 돌아갔습니다.

그 일을 기록한 후 성경은 이어서 한 줄의 부고장으로 사무엘의 죽음을 알립니다.

"사무엘이 죽으매…"(삼상 25:1)

사무엘은 자신이 직접 기름 부어 세운 왕인 사울이 하나님으로부터 버림받은 것에 상심하여 사울에게 폐위 통보를 한 후 한 번도 그를 만나지 않았습니다. 하나님의 명령으로 새 왕이 될 다윗에게 기름을 부었으나 오히려 사울에게 쫓기는 모습을 보면서 마음이 착잡했을 것입니다.

한 시대를 하나님의 종으로 살아온 사무엘이 그의 고향 라마에서 죽었습니다. 광야의 한 굴 앞에서 당시 세상의 최고 권력자 사울이 하나님의 기름 부음 받은 자 다윗을 차기 왕으로 인정하며 그를 더 이상 쫓지 않을 것을 선언한 후 집으로 돌아간 직후에 그의 죽음이 단 한 줄로 기록된 것이 참으로 인상적입니다.

울며 뉘우쳤다고 해서 사울이 근본적으로 변화된 것은 아니었습니다. 그는 여전히 세상의 왕이었고, 그 마음의 중심에는 하나님이 계시지 않았습니다. 하나님의 다스리심을 인정하지 못했기 때문에 그의 눈에 다윗은 여전히 가시와 같은 존재였고 그래서 그의 추격은 계속될 수밖에 없었습니다.

다윗이 십 광야에 숨어있을 때입니다. 그곳 사람들의 밀고로 다윗의 은신처가 드러나자 사울은 이번에도 다윗을 잡으려고 삼천 명을 이끌고 광야에 나타났습니다. 사울은 군대장관 아브넬을 대동하고 다윗의 은신처 근처에 진을 쳤습니다.

밤이 되었습니다. 다윗은 요압의 동생 아비새를 데리고 사울의 진영으로 잠입했습니다. 사울은 창을 머리맡에 꽂아놓은 채 정신없이 잠을 자고 있었습니다. 수장인 아브넬은 물론이고 보초도 없이 모두 깊은 잠에 빠져 있었습니다.

이번에는 아비새가 다윗에게 속삭입니다.

"원수를 갚을 절호의 기회입니다. 제가 가서 단번에 해치우겠습니다."

울면서 뉘우친 것처럼 보였던 사울이 또다시 자신을 추격한 것에 대한 원망이 클 법도 한데 다윗은 이번에도 같은 말입니다.

"하나님의 기름 부음을 받은 자를 치는 것은 죄를 짓는 일입니다. 치더라도 하나님께서 치실 것입니다. 증거물로 창과 물병만 가지고 갑시다."

창과 물병만 가지고 돌아온 다윗은 사울 일당의 진영이 내려다보이는 산꼭대기에서 사울 진영을 향해 외칩니다. 다윗의 음성을 들은 사울은 깜짝 놀랐습니다. 이번에도 다윗이 자신의 목숨을 취할 수 있었으나 살려주었다는 것을 알고 사울은 다윗을 향하여 생전 최후의 고백을 합니다.

"내가 죄를 지었구나. 내 아들 다윗아 돌아오라. 네가 오늘 내 생명을 귀하게 여겼은즉 내가 다시는 너를 해하려 하지 않겠노라. 내가 어리석은 일을 했으니 대단히 잘못 되었구나. 내 아들 다윗아 네게 복이 있을 것이로다. 너는 큰 일을 할 것이고 반드시 승리할 것이다."

이 일이 있은 후에도 다윗의 마음속에 있던 사울에 대한 두려움은 사라지지 않았고 그 일은 사울과 다윗의 마지막 대면이 되고 말았습니다.

다윗의 입장에서 보면 아무런 이유도 없이 오랫동안 자신의 생명을 노리고 뒤쫓았던 사울이 죽이고 싶도록 미웠을 것입니다. 다윗은 사울이 악신이 들렸을 때 수금을 켜서 악신을 쫓아내 주었고, 사울이 블레셋의 침공 앞에 두려워하고 있을 때 골리앗을 쓰러뜨려 주었습니다. 게다가 다윗이 사울의 권좌를 넘본 어떤 행동도 취한 적이 없습니다. 그런데도 사울은 사위이기도 한 다윗이 자신과 비교되는 것이 싫어서 그를 죽이려고 했습니다. 그런 사울이나보니 혹 다윗이 싫어한다고 한들 그 누구도 탓하지 못할 것입니다.

'그래 오죽했으면 다윗이 그렇게 했겠어. 이해가 되네. 나라도 그렇게 했을 거야.'

대부분의 사람들은 다윗의 반역에 동조의 박수를 보냈을 것입니다. 그러나 다윗은 한 번도 사울을 향한 증오심을 드러내거나 대항하여 싸우지 않았습니다. 오히려 그는 사울의 옷자락을 벤 것조차 마음에 찔렸습니다.

기름 부음은 하나님의 권위 위임입니다. 따라서 하나님이 기름 부어 세우신 권위자를 공경하는 것은 당연합니다. 다윗은 이 점을 너무나 잘 알았기 때문에 그것을 실천했습니다. 다윗이라고 해서 어찌 사울을 향하여 싫은 마음이 없었겠습니까? 그러나 다윗은 사울을 보기 전에 사울을 세우신 하나님을 보았고, 그 권위를 인정하고 공경했습니다.

사울의 옷자락에 손을 댄 것조차도 하나님의 권위를 손상시킨 것으로 인식했던 다윗을 통하여 하나님은 당신의 나라를 세우시고 싶었을 것입니다.

> 내가 거기서 다윗에게 뿔이 나게 할 것이라 내가 내 기름 부음 받은 자를 위하여 등을 준비하였도다 (시132:17)

기름 부은 왕을 노래하라

이스라엘아 네 영광이 산 위에서 죽임을 당하였도다 오호라 두 용사가 엎드러졌도다 이 일을 가드에도 알리지 말며 아스글론 거리에도 전파하지 말지어다

블레셋 사람들의 딸들이 즐거워할까, 할례 받지 못한 자의 딸들이 개가를 부를까 염려로다

길보아 산들아 너희 위에 이슬과 비가 내리지 아니하며 제물 낼 밭도 없을지어다

거기서 두 용사의 방패가 버린 바 됨이니라

곧 사울의 방패가 기름 부음을 받지 아니함 같이 됨이로다

죽은 자의 피에서, 용사의 기름에서 요나단의 활이 뒤로 물러가지 아니하였으며

사울의 칼이 헛되이 돌아오지 아니하였도다

사울과 요나단이 생전에 사랑스럽고 아름다운 자이러니

죽을 때에도 서로 떠나지 아니하였도다

그들은 독수리보다 빠르고 사자보다 강하였도다

이스라엘 딸들아 사울을 슬퍼하여 울지어다

그가 붉은 옷으로 너희에게 화려하게 입혔고 금 노리개를

너희 옷에 채웠도다

오호라 두 용사가 전쟁 중에 엎드러졌도다

요나단이 네 산 위에서 죽임을 당하였도다

내 형 요나단이여 내가 그대를 애통함은 그대는 내게 심히 아름다움이라

그대가 나를 사랑함이 기이하여 여인의 사랑보다 더하였도다

오호라 두 용사가 엎드러졌으며

싸우는 무기가 망하였도다 삼하 1:19-27

안 보는 곳에서는 임금님도 욕한다고 하지 않습니까? 세상의 절대 권위 앞에서 제대로 얼굴도 들지 못했던 시대에 힘없는 백성들이 할 수 있는 유일한 저항은 그저 끼리끼리 모여 임금님을 욕하고 권세가들을 짓까부는 일이었을지도 모릅니다.

이명박 정부가 출범하자마자 한미 쇠고기 수입 문제로 정부는 물론 온 사회가 한바탕 곤욕을 치렀습니다. 미국산 쇠고기 수입을 반대하던 많은 사람들이(심지어 유모차에 아이를 태운 젊은 어머니들까지) 거리로 나와 시위를 벌였습니다. 인터넷 토론마당에도 불이 붙었습니다. 그 때 반대하던 자들이 내건 구호 가운데 하나가 '이명박은 물러가라'였습니다. 모두가 이렇게 점잖게 표현한 것은 아닙니다. 대통령을 비하해서 마빡이, 맹바기…라고 부르기도 했습

니다. 사실 이런 일이 어제 오늘의 일만은 아닙니다. 지금은 안 보는 곳에서는 물론이고 보이는 곳에서도 대놓고 욕하는 시대입니다. 정당한 비판까지도 억압 받았던 어두웠던 지난 경험을 생각하면 '뭐 이 정도쯤이야' 라고 생각할 수도 있겠지만 이는 단지 대통령에 대한 문제에 국한되지 않습니다. 개인적으로 좋아하든 싫어하든 상관없이 '대통령 이명박'은 대한민국 정부를 대표할 권위를 인정받은 자입니다. 그러한 권위자에 대한 우리의 태도가 옳은지 한 번쯤 생각해 봐야 합니다.

이 땅에 사는 동안 모든 사람들은 원하든 원하지 않든 동일하게 가정, 국가, 직장, 교회 등 하나님이 세워주신 기본적인 권위체계 아래에 속하게 됩니다. 각 체계에는 대표성을 갖는 권위자가 있고, 기본 권위체계 아래에는 거기에서 파생된 여러 가지 다양한 하위 권위체계들이 있습니다. 각 권위자들은 권위체계에 속한 자들을 보호하며 그들의 필요를 공급할 책임을 다하고, 권위 아래 있는 자들은 권위자를 공경하는 것이 마땅한 성경적 삶의 원리입니다. 성경은 여러 곳(롬 13:1; 엡 6:5; 골 3:22; 딤전 6:1; 딛 2:9 참조)에서 세상의 모든 권세는 하나님으로부터 나는 것이며, 세상의 권위자들에게도 두려워하고 떨며 성실한 마음으로 순종하기를 그리스도께 하듯 하라고 말씀하십니다.

많은 사람들이 권위자들의 잘못이나 결점을 쉽게 이야기합니다. 발생한 문제의 모든 책임이 그들에게 있다고 주장합니다. 물론 이러한 주장이 전적으로 틀린 말만은 아닙니다. 역사적으로 보더라도 우리에겐 부당하고 부도덕한 권위자들에 대한 가슴 아픈 경험이 많습니다. 맡겨진 책임보다 자신의 권리와 이익을 앞세우는 타락한 권위자들도 많았습니다. 그러나 권위자들에게 이러한 잘못이 있을지라도 자녀들이 부모님을 거역하고, 부하들이 상사를 속이며, 국민들이 정부를 인정하지 않는다면 이것은 권위 아래 있는 자의 근본적인 태도에 문제가 있는 것입니다. 권위자에 대한 쓴 마음과 불순종, 권위체계로부터의 거역과 이탈 등은 가정을 파괴하고, 국가를 위태롭게 하며, 기업의 생산성을 떨어뜨립니다.

그리고 이 모든 문제의 근원에는 우리의 마음 가운데 절대 권위자이신 하나님의 권위에서 벗어나고자 하는 교만함과 타락함이 있습니다. 하나님의 권위 아래 있지 않을 때 "하나님을 알되 하나님을 영화롭게도 아니하며 감사하지도 아니하고 오히려 그 생각이 허망하여지며 미련한 마음이 어두워"(롬 1:21)지게 됩니다. 이것이 이 시대 모든 문제들의 발단입니다. 하나님과의 관계에서부터 근본적인 문제가 발생한 것입니다.

대통령을 공경하는 것은 반드시 그를 존경하거나 지지하기 때문은 아닙니다. 대통령은 공식적이며 합법적으로 인정된, 하나님으로부터 위임 받은 우리 나라의 최고 권위자이기 때문입니다. 따라서 대통령을 호칭할 때에도 마땅히 예의를 갖추어야 합니다. 어른들이 먼저 모범을 보이고 자녀들이 본받을 때 건강한 사회가 이루어질 것입니다.

　마침내 사울 왕이 죽었습니다. 평생 동안 두려움의 대상으로 대적하며 살았던 블레셋의 벽을 넘지 못하고 사랑스러운 세 아들 요나단, 아비나답, 말기수아와 함께 그들의 손에 죽은 것입니다. 사울은 블레셋과의 전투에 나가기 전에 하나님의 음성을 듣고자 했지만 한 번 떠나버린 하나님의 영은 더 이상 사울과 함께 하지 않았고, 대신 전해줄 신실한 선지자조차 곁에 없었습니다. 무당을 불러 마지막 안간힘을 써보았지만 무당은 본질적으로 우리에게 힘이 되지 못합니다. 우리에게 소망이 사라지면 그 결과는 바로 죽음입니다. 육신의 죽음 이전에 소망이 떠나버린 바로 그 순간, 이미 사울은 죽은 것입니다.

　다윗은 시글락에서 하나님의 사람답지 않은 삶을 보내고 있었습니다. 그는 그곳에서 아말렉 병사로부터 사울의 죽음에 대한 소식을 듣게 됩니다. 사울은 화살을 맞고 큰 부상을 입어 스스로 자신의 칼에 엎어져 죽었는데, 이 병사는 자신이 사울의 부탁을 받아 최후 숨통을 끊었노라고 거짓으로 다윗에게 고합니다.(삼하 1:6-10 참조)

평생 다윗을 대적한 사울이었음을 알고 있었기에 그렇게 말하면 다윗으로부터 상이라도 받지 않을까 내심 기대했던 모양입니다.

우리에게도 이런 일들이 얼마나 많습니까? 저절로 된 일도 자신의 공로로 위장하고, 다른 사람이 한 일을 자신의 업적인 양 가로챕니다. 교수가 제자들의 논문에 자신의 이름을 넣고, 장군은 병사들의 죽음으로 이룬 승리로 훈장을 답니다. 정치꾼들은 자신의 공적을 세상에 선전하기에 바쁘고, 국가기관들은 자신이 만든 정책의 효과를 그럴 듯하게 보이도록 포장하는 일을 모의합니다.

눈에 보이는 세상에서만 그런 것이 아닙니다. 하루에도 몇 번씩이나 마음속에서 이런 일을 하고 있습니다. 다른 사람에게 이야기할 때 나에게 불리한 것은 쏙 빼고 나를 돋보이게 하거나 나에게 유익이 될 만한 것만 골라서 말합니다. 그러면서 이렇게 말합니다.

"난 거짓말은 안 했어."

교회 안이라고 해서 예외는 아닙니다. 어쩌면 하나님 일이라는 이름으로 더 교묘하게 이런 일들이 자행되고 있는지도 모릅니다. 세상도 교회도 이런저런 상 받기 좋아하고, 자신의 자랑거리는 드러내기 좋아하면서 자신에게 불리하고 손해가 될 것들은 감추기에 바쁩니다.

하나님나라는 우리의 의와 공로로 이루어지지 않습니다. 하나님의 나라는 마음이 정직한 자에게 임하며, 함께 죄를 나누고 함께 애통하며 하나님의 긍휼을 구하며 나갈 때 부흥합니다.

거의 10년 동안이나 두려움의 대상이었고 자신의 왕권 수립의 걸림돌이었던 대적 사울이 죽었으니 다윗이 내심 '이제 됐다!' 라고 생각할 수도 있었을 것입니다. 사울이 다윗에게 행했던 그간의 일을 생각하면 이 이방 청년에게 상을 준다고 한들 누구도 탓하지 않을 것입니다. 이것이 바로 세상의 생각입니다.

하지만 다윗은 달랐습니다. 이 말을 듣는 순간 그의 영혼은 반짝 빛을 내며 깨어납니다. 소식을 전한 이방 청년에게 다윗은 상이 아닌 죽음을 내립니다. 하나님의 기름 부음 받은 자를 손대는 것은 어떤 이유로도 용서될 수 없었기 때문입니다. 다윗은 자신과 사울과의 개인적인 관계보다 하나님과 사울과의 관계가 더 중요했습니다. 하나님의 절대 권위는 죄인인 우리 인간이 범접할 수 없는 거룩함 그 자체이기 때문입니다.

시글락에서 한참 구겨진 모습으로 살아갔던 처지에 있으면서도 이런 마음을 가질 수 있던 것이 다윗의 빛나는 점입니다. 다윗을 보면 한 없이 부럽습니다. 그의 부나 능력이나 왕관이 부러운 것이 아니라 하나님을 향한 그의 마음이 부럽습니다. 사무엘하 1장 19절부터 27절의 아름다운 노래는 이러한 마음을 가진 자만이 부를 수 있는 노래입니다.

"오호라 두 용사가 엎드러졌도다."

자신을 쫓던 대적의 죽음에 대한 노래라고 볼 수 있는 구절은 하나도 없습니다. 오히려 슬프기까지 합니다. 생전에 사랑스럽고 아름다웠던 자요, 독수리보다 빠르고 사자보다 강했던 자로만 기억되는, 마치 사랑하는 친구요 연인의 죽음을 노래한 것 같습니다.

세상 나라에 넘어져버린 기름 부음 받은 자를 애통하며, 결코 손상당할 수 없는 하나님의 이름을 지키고 싶어 하는 이 노래는 하나님의 기름 부음 받은 왕 사울과 자신이 진짜로 좋아했던 친구 요나단에게 바치는 노래이기도 하지만 사실은 기름 부은 왕 하나님께 바치는 기름 부음 받은 자 다윗의 고백이요 찬송입니다.

'하나님, 제게도 이런 노래를 부를 수 있게 해주십시오!'

기름 부음으로 시작된 하나님나라

> 너는 그것들로 네 형 아론과 그와 함께 한 그의 아들들에게 입히고 그들에게 기름을 부어 위임하고 거룩하게 하여 그들이 제사장

직분을 내게 행하게 할지며 (출 28:41)

구약시대에 기름 부음이 처음 기록된 곳은 야곱이 에서를 피해 하란으로 가던 중 (나중에 벧엘이라 부르게 된) 루스에서 돌로 기둥을 세우고 그 위에 기름을 부어 하나님의 전을 쌓고 서원을 드렸을 때입니다. 하지만 의식(儀式)으로서의 기름 부음은 하나님께서 출애굽 한 이스라엘 백성들과 언약을 맺으신 후 성막제도를 내려주실 때로 보입니다.

아론과 그 아들들에게 제사장 직분을 위임할 때 모세는 올리브 기름에 몰약, 창포, 향기로운 육계, 계피 등 최상품 향을 섞어 만든 관유를 그들의 머리에 부었고, 증거궤, 번제단, 물두멍 같은 성막 안의 모든 물품들에도 이 관유를 부어 거룩하게 하였습니다.(출 28:41; 29:7-9; 30:23-33 참조)

어린 다윗이 사무엘을 통해 베들레헴에서 기름 부음을 받고 새 왕으로 위임받았지만 실제 그가 왕위에 오르기까지는 15년이 넘게 기다려야 했습니다. 눈에 보이는 다윗왕국은 이처럼 한참 후에 시작되었지만 영적인 측면에서 보면 기름 부음 받은 이때가 다윗의 하나님나라의 시작이라고 할 수 있습니다.

기름 부음을 받음으로 다윗은 하나님나라의 왕으로 추대됨과 동시에 거룩하게 구별되었습니다. 거룩하게 구별됨의 표시로 그때부터 하나님의 영이 그와 함께 했습니다.

다윗이 기름 부음 받기 전 이스라엘 백성들은 사사들이 다스렸습니다. 사무엘은 그의 아들들을 사사로 삼았는데 이들의 행실이 아버지와는 전혀 다르게 옳지 못했습니다. 그때나 지금이나 아무리 훌륭한 아버지일지라도 자기 자식만큼은 어떻게 안 되는 모양입니다.

어느 날 이스라엘의 모든 장로들이 라마에 있는 사사 사무엘을 찾아와서 우리에게도 왕을 세우게 해달라고 요구했습니다. 사무엘은 그들의 요구가 마땅치 않았습니다. 하나님께서는 왜 백성들이 이런 마음을 갖게 되었는지 잘 아셨습니다. 그들이 겉으로는 사무엘을 거역한 것처럼 보였지만 마음속으로는 하나님을 거역한 것입니다. 하나님께서는 사무엘에게 왕을 세워달라는 백성들의 요구를 들어주되 왕의 제도를 일러주라고 말씀하셨습니다.

"왕이 세워지면 아들들은 군대에 가야하고, 딸들은 왕을 위해 일해야 할 것이다. 너희 토지의 좋은 부분은 왕의 신하들에게 나누어줄 것이고, 소산의 십일조를 세금으로 바쳐야 할 것이다. 그리고 무엇보다도 너희들은 왕의 종이 될 것이다."

백성들은 말했습니다.

"그래도 왕이 있어야겠소."

하나님 앞에서 떼를 써서 사울이 기름 부음을 받고 왕이 되었을 때에도 기름 부음의 권위 위임과 성별의 원리는 마찬가지였습니다.

사무엘이 사울에게 기름을 부은 후 이렇게 말합니다.

> 네게는 여호와의 영이 크게 임하리니 너도 그들과 함께 예언을 하고 변하여 새 사람이 되리라 (삼상 10:6)

왕권의 위임과 동시에 하나님의 영이 사울에게 임하자 새 사람이 된 것입니다. 새 사람, 이것이 구별됨의 증거입니다. 새 사람은 하나님이 주신 '새 마음'(삼상 10:9)을 가진 자입니다. 에스겔 36장에서 선지자 에스겔을 통하여 말씀하셨던 새 영과 새 마음이 바로 굳은 마음을 부드럽게 하고 황폐한 땅을 에덴동산처럼 변화시키는 능력인 것입니다. 사울을 알고 있던 사람들은 이러한 사울의 변화에 놀랐습니다. 기름 부음 받기 이전의 사울과 기름 부음 받은 이후의 사울은 너무 달랐기 때문입니다.

우리는 이 변화의 능력을 사도행전 초기에 볼 수 있습니다. 누가는 그 신비롭기까지 한 장면을 다음과 같이 기록합니다.

> 오순절 날이 이미 이르매 그들이 다같이 한 곳에 모였더니 홀연히 하늘로부터 급하고 강한 바람 같은 소리가 있어 그들이 앉은 온 집에 가득하며 마치 불의 혀처럼 갈라지는 것들이 그들에게 보여 각 사람 위에 하나씩 임하여 있더니 그들이 다 성령의 충만함을 받고 성령이 말하게 하심을 따라 다른 언어들로 말하기를 시작하니라 (행 2:1-4)

그때 예루살렘에는 세계 각지로부터 경건한 디아스포라들이 와 있었습니다. 바대인, 메대인, 엘람인도 있었고, 메소보다미아, 유대, 갑바도기아, 본도, 아시아, 브루기아, 밤빌리아, 애굽, 구레네 근처 리비야, 로마에서 온 자도 있었으며, 그레데인과 아라비아인들도 있었습니다. 지금으로 말하면 유럽, 아프리카, 아시아 등 세계 각처에서 온 것입니다. 이들이 경건한 자들인 것을 보면 성지순례 차 왔을 것입니다.

그런데 이들이 엄청난 장면을 목도한 것입니다. 오순절을 맞아 모여 있는 사람들 위에 하늘로부터 성령이 부어졌습니다. 강한 바람소리 같은 것이 집 안에 가득했습니다. 불꽃 같은 것이 사람들 위에 임했습니다. 더 놀라운 것은 모여 있던 사람들이 여러 방언으로 말하기 시작했고, 각처에서 온 유대인들은 각각 자기들의 언어로 말하는 것을 서로 이해하고 알아들었다는 것입니다.

더더욱 놀라운 점은 다양한 방언으로 말하는 그들이 다 갈릴리 사람들이라는 것입니다. 그들은 외국어를 할 정도의 실력자들이 결코 아니었습니다. 베드로만 보더라도 그는 평생 갈릴리바다에서 고기를 잡던 어부였습니다. 어떤 이들은 술 취했다고 했습니다. 갈릴리 사람들이 메소보다미아 지방의 말을 하고, 리비야 지방의 말을 했으니 그렇게 생각하는 것이 당연합니다.

이것이 바로 성령이 임했을 때 사울 왕을 변화시킨 능력이었습니다. 이 능력이 초대교회 시절 베드로를 변화시켰고, 변화된 베드로의 설교에 3,000명이나 되는 사람들이 세례를 받고 성도가 되는 놀라운 일을 일어나게 한 것입니다.

이것이 바로 교회가 시작되는 모습입니다. 하나님께서는 이 일을 하시기 위해 성령을 부으십니다. 이것이 하나님의 능력입니다. 우리가 하늘에 속한 사람으로 살아가기 위하여 반드시 기름 부음이 있어야 합니다. 하나님나라는 이 능력이 에너지가 되어 운행하는 나라이기 때문입니다.

> 하나님의 나라는 말에 있지 아니하고 오직 능력에 있음이라
> (고전 4:20)

기름 부음 받은 자 예수님이 십자가 위에서 화목제물이 되신 후로 더 이상 의식으로서의 기름 부음은 우리에게 필요하지 않게 되었지만 기름 부음의 증거로서의 성령 충만은 주님과 동행하는 삶의 전제조건이 됩니다. 그리고 성령 충만은 기름 부음 받은 자의 참된 능력이 될 것입니다.

기름 부음은 한 번 받음으로 충분하지 않습니다. 그렇다고 해서 숫자적인 횟수가 중요하다거나 하나님의 일이 충분하지 않다는 뜻은 아닙니다. 등잔불이 꺼지지 않도록 기름을 계속 채워 넣듯 기름 부음이 지속되어야 한다는 것입니다.

> 천국은 마치 등을 들고 신랑을 맞으러 나간 열 처녀와 같다
> (마 25:1)

예수님께서는 기름을 등에 담아 가지고 기다리던 슬기로운 다섯 처녀들은 신랑을 맞이하게 되고 기름이 떨어진 미련한 다섯 처녀들은 신랑을 만나지 못하게 되었다는 이야기를 통하여 하나님나라의 기름 부음의 필요성을 강조하셨습니다.

사울은 기름 부음을 받음으로 새 사람이 되었고 이스라엘의 첫 번째 왕이 되었지만 기름 부음의 능력이 그에게서 떠나갔을 때 그의 영광도 권세도 더 이상 그의 것이 아니었습니다. 이것이 하나님의 일을 할 때나 하나님나라의 백성으로 살아가기 위하여 기름 부음으로 시작해야 하고, 그 기름 부음의 보증인 성령 충만이 유지되어야 하는 이유입니다.(고후 1:21, 22 참조)

더 나아가서 사도 요한은 하나님으로부터의 기름 부음으로 진리를 알게 된 성도들인 우리들에게 마지막 시대임을 분별하여서 세상을 사랑하지 말고 주 안에 거하라고 권면합니다.(요일 2:18-29 참조)

기름 부음으로부터 다윗의 하나님나라가 시작되었고, 세례 받으심으로부터 예수님의 공생애 사역, 즉 하나님나라의 선포가 시작되었습니다. 이것이 하나님께서 일하시는 방식입니다. 기름 부음

받은 다윗의 행로를 따라서 하나님나라의 왕으로 살아가기를 바랍니다.

'하나님 제게도 기름 부음의 증거가 끊어지지 않게 해주소서!'

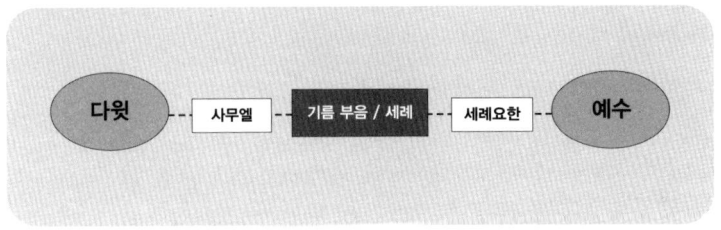

Chapter 02 | 하나님나라의 시험

Victory of King

예수께서 성령의 충만함을 입어 요단 강에서 돌아오사 광야에서 사십 일 동안 성령에게 이끌리시며 마귀에게 시험을 받으시더라 이 모든 날에 아무 것도 잡수시지 아니하시니 날 수가 다하매 주리신지라

눅 4:1-2

02 하나님나라의 시험

광야에서

> 예수께서 성령의 충만함을 입어 요단 강에서 돌아오사 광야에서 사십 일 동안 성령에게 이끌리시며 마귀에게 시험을 받으시더라 이 모든 날에 아무 것도 잡수시지 아니하시니 날 수가 다하매 주리신지라 (눅 4:1-2)

예수님은 공생애를 시작하기 전 먼저 세례를 통해 성령을 받으셨습니다. 본디 하나님이신 예수님인데 사람으로부터 받는 세례와 새삼스럽게 받는 성령 충만이 무슨 의미가 있겠습니까? 그러나 이 사건은 예수님께서 공생애 사역 기간 동안 가르치시고 전파하셨던 주제인 하나님나라의 백성에게는 매우 중요한 시사점이 있습니다.

메시아로서 주님의 공식적인 등장을 선포하는 의미도 있겠지만 그분을 통해 돌아올 장차 하나님나라 백성들의 삶의 모형을 보여준 것이기 때문입니다.

예수님은 세례식을 마치자마자 곧바로 광야로 인도되었고 그곳에서 사탄으로부터 세 가지 시험을 받으셨습니다. 그때 주님은 세 가지 시험을 모두 멋지게 통과하셨습니다.

예수님께서 광야로 이끌림 받으셨던 것을 생각할 때 다윗왕국이 세상에 드러나기 전 다윗이 사울 왕에 쫓겨 광야로 내몰렸다는 것 역시 하나님의 의도가 개입되어 있음이 분명합니다. 모세를 40년 동안 광야에서 목자로 지내게 하신 것이나 출애굽한 이스라엘 백성을 광야로 내몬 것처럼 말입니다.

광야는 고립무원의 장소요 황무함 자체입니다. 현대사회는 어쩌면 광야와도 같습니다. 날마다 쇼가 벌어지고 많은 정보와 사람들에게 둘러싸여 있지만 늘 외롭습니다. 먹을 것과 입을 것이 지천으로 널려있지만 여전히 허기지고 부족합니다.

광야에 있는 많은 사람들은 깊은 고립감과 무력감과 좌절감에 빠지게 됩니다. 그곳을 빠져나오려고 하면 할수록 더욱더 광야 속으로 빠져 들어감을 느낍니다. 일과 취미활동에 집착하거나 술과 마약과 섹스에 빠집니다. 더욱 심하면 우울증으로 발전하여 마침내 스스로 목숨을 끊기도 합니다.

경찰청의 2007년 통계를 보면 하루에 36.7명, 연간 13,407명이 자살을 했다고 합니다. 더 심각한 사실은 2006년 우리나라 중고생 71,000명을 대상으로 조사한 결과 5명 중 1명이 심각하게 자살을 생각해 봤고, 5.5%나 되는 학생들이 실제로 자살을 시도했다고 합니다.

지금 우리의 자녀들은 한 세대 전과는 비교할 수 없을 만큼 풍족한 환경에서 살아갑니다. 하지만 삶의 방향성과 정체성을 상실한 채 엄청난 스트레스와 방황을 하고 있음을 반증하는 통계 아닙니까?

광야는 사실 커다란 시험장입니다. 갖가지 시험이 우리를 기다리고 있습니다. 이것이 하나님께서 이스라엘 백성들을 40년 동안이나 광야에서 헤매도록 하신 이유인지도 모릅니다. 그 시험을 통과하지 않고는 결코 하나님나라에 들어갈 수 없기 때문에 말입니다.

광야에 들어서게 되면 먼저 사람을 탓하게 됩니다. 자신을 이끄는 지도자를 탓하고, 가족, 직장 상사나 동료, 가까이 지냈던 친구들을 탓합니다. 자신이 광야에 놓이게 된 원인을 다른 사람에게서 찾으려 하기 때문입니다. 이스라엘 백성들 또한 출애굽하여 광야에 들어갔을 때 수시로 지도자 모세와 아론을 탓했습니다.

> 우리가 애굽 땅에서 고기 가마 곁에 앉아 있던 때와 떡을 배불리 먹던 때에 여호와의 손에 죽었더라면 좋았을 것을 너희가 이 광야로 우리를 인도해 내어 이 온 회중이 주려 죽게 하는도다
> (출 16:3)

> 당신이 어찌하여 우리를 애굽에서 인도해 내어서 우리와 우리 자녀와 우리 가축이 목말라 죽게 하느냐 (출 17:3)

    우리의 시험거리 중 가장 큰 것은 어쩌면 '떡'일 것입니다. 오늘날로 말하면 떡은 '갖고 싶은 것' 즉 '돈'이라고 할 수 있습니다. 그 위력이 얼마나 대단한지 돈은 이미 많은 사람들에게 신이 되어버렸습니다. 돈 앞에서 자유로운 사람은 거의 없습니다.

    2008년 하반기 세계의 키워드는 '금융위기'였습니다. 미국의 주택가격에 거품이 빠지면서 미국은 물론 세계를 공포에 휩싸이게 하는 금융문제가 시작되었습니다. 주거를 위해 필요한 것이 주택인데, 더 이상 사람들은 주택을 주거만의 목적으로 생각하지 않습니다. 주택을 돈으로 보기 때문에 거품이 끼게 되었고 그것이 빠지니까 연쇄적으로 문제가 발생하게 된 것입니다.

    미국의 어느 교수의 연구에 의하면 미국의 400대 갑부들의 삶의 만족도는 케냐의 마른 소똥 집에서 사는 원주민들과 비슷하다고 합니다. 연평균 소득이 1만 불 이상 되면 더 이상 삶의 만족도는 증

가하지 않기 때문이라고 합니다. 그럼에도 불구하고 돈에 대한 사람들의 집착은 사실 끝이 없습니다.

2009년 초 한 방송국에서 돈에 관한 우리사회의 생각을 알아보기 위하여 설문 조사를 한 적이 있습니다.

'10억 원 이상이면 가족, 친구와의 관계를 끊을 수 있는가?'

53%나 달하는 사람들이 그렇다고 답했다고 합니다.

또 한국투명성기구에서 2008년 우리나라 중고생 1,100명을 대상으로 반부패의식에 대한 조사를 실시했습니다.

'10억 원을 벌 수 만 있다면 10년간 감옥에 살아도 좋은가?'

이 질문에 17.7%의 학생이 긍정적인 대답을 했습니다.

'문제를 해결할 수 있다면 뇌물을 쓰겠는가?'

이 질문에 20%의 학생이 그렇게 하겠다고 대답했습니다.

'정직하게 사는 것보다 부자가 되는 것이 더 중요한가?'

여기에 아니라고 대답한 사람은 45.8%라고 합니다. '학생회장 당선을 위해서 간식이나 선물을 사주어도 되는가?'

여기에 '안 된다'고 답한 학생은 42.6%입니다.

'나를 잘 살게만 해준다면 지도자가 불법을 저질러도 좋은가?'

여기에 '아니다'라고 답한 사람은 56.1%였다고 합니다.

대략 절반에 해당하는 학생들이 부자 되는 것이 가장 중요하고, 나에게 유익만 있다면 뇌물이나 불법을 사용해도 좋다고 답한 것입니다. 이 결과가 우리에게 말해주는 것은 무엇입니까? 어린 학생들까지도 이렇게 생각한다니 '돈이 곧 신'이라고 해도 틀린 말이 아니지 않습니까?

마귀도 광야에서 맨 먼저 떡으로 예수님을 시험했습니다. 육신으로 살아가는 인생이기에 육신이 '갖고 싶은 것'에 대하여 한 시도 자유로울 수 없습니다. 사탄은 그것을 잘 알았기 때문에 그것을 가지고 우리를 넘어뜨리려고 합니다.

역사적으로 볼 때 교회를 향한 세상의 시선은 항상 곱지 않았습니다. 의와 불의는 본질적으로 함께 할 수 없기 때문입니다. 그런데 요즘 들어 세상이 교회를 향하여 자주 공격하는 것이 바로 '돈' 입니다. 교회가 세속화되어서 세속적인 세상이 세속화된 교회를 공격하고 있으니 얼마나 모순된 일입니까? 그들이 교회의 세속화를 공격하는 것을 보면 그럼에도 불구하고 세상도 선이 무엇인지 본능적으로 알고 있다는 것입니다. 이는 또한 그들도 우리와 같이 하나님의 형상으로 피조된 사람이라는 증거이기도 합니다.

이스라엘 백성들을 보십시오. 광야에서 '떡' 문제를 거론하면서 지도자인 모세와 아론을 원망했습니다.

"너 때문에 이제 따뜻한 떡 한 조각 먹기도 힘들게 되었다."

사실 모세에게는 그들의 허기를 채워줄 능력이 없었습니다. 아니, 배가 고프기는 모세도 마찬가지였습니다. 그런 모세를 향하여 불평하고 원망하다니 참으로 어리석지 않습니까? 그러나 광야에 빠지게 되면 그런 것들이 잘 보이지 않게 됩니다.

때문에 광야와 같은 깊은 고립감이나 좌절감에 빠졌을 때 우리의 마음이 어디로 향하고 있는지 잘 살펴볼 필요가 있습니다. 사람에게 향하고 있다면 틀림없이 사탄의 올무에 빠진 것입니다. 지도자의 지도력을 의심하고 쓴 마음을 품게 되면 마침내는 비난하게 됩니다. 그것이 바로 예수님을 시험했던 사탄이 원하는 바입니다.

사탄은 예수님이 돌을 가지고 떡으로 만들기를 원했습니다. 대부분의 사람들은 그런 경우 할 수만 있다면 그렇게 할 것입니다. 그런데 예수님은 어떻게 하셨습니까?

> 사람이 떡으로만 살 것이 아니요 하나님의 입으로부터 나오는 모든 말씀으로 살 것이라 하였느니라 (마 4:4)

예수님께서도 신명기 8장 3절의 말씀을 인용하시면서 떡이 필요 없다고 하시지는 않았습니다. 돈은 분명 우리의 믿음을 시험하는 현실적인 문제입니다. 하나님께서 광야에서 이스라엘 백성들에게 만나를 내려 주신 것은 짐승처럼 배만 부르면 살 수 있는 것이 아니라 하나님의 말씀을 먹어야 살 수 있는 존재임을 깨닫게 하시기 위함입니다.

두 번째 큰 시험은 하나님을 의심하게 하는 것입니다. 말씀을 통해 보여주신 하나님의 능력을 의심하기 시작하면 그 때부터 내 자원에 의지하게 됩니다. 그래서 문득문득 하나님의 일을 한다고 하면서도 내가 '하고 싶은 것'을 좇아가는, 세상의 방법과 조금도 다를 바가 없는 모습들을 보이게 됩니다.

인간은 과학적 원리와 경험적 사실에 근거한 합리성을 좋아하도록 길들여져 있습니다. 선거제도를 통하여 교회의 일꾼을 뽑을 때 보면 세상의 지도자를 뽑을 때와 조금도 다르지 않습니다. 이런 저런 인연을 동원하여 끼리끼리 뭉치고 금품이 오고 갑니다. 결과에 불복하는가 하면, 자신의 정당성을 내세우며 세상의 법정까지 나가는 해괴한 짓을 하기도 합니다. 그러면서 조금도 부끄러워하지 않는 것 같습니다. 하나님의 통치를 의식하지 않고 하나님의 자원을 의뢰하지 않고 자신의 자원에 전적으로 매달리는 한 교회의 능력은 세속적인 것 이상을 기대할 수 없을 것입니다.

세상의 법관 앞에서 그들의 '현명한' 판단을 기다리고 있는 '하나님나라의 목자들'을 바라보시는 하나님의 심정이 어떠했겠습니까?

예수님께서 부활하신 후 제자들은 배신한 가롯 유다의 자리를 채우기 위해 제비를 뽑아 한 명의 사도를 정했습니다.(행 1장 참조) 하나님께서 가장 적절한 자를 택하실 것을 전적으로 신뢰하였고 하나님의 자원으로만 교회가 세워질 것을 믿었기 때문입니다. 제비로 뽑힌 사도 맛디아에게 문제가 있었다는 기사는 성경 어디에서도 볼 수 없습니다.

제비뽑기를 지지하는 것이 아닙니다. 어떤 방법이든 그것이 합의된 절차라면 그 결과는 하나님께서 하신다는 신뢰가 필요하다는 말입니다.

> 제비는 사람이 뽑으나 모든 일을 작정하기는 여호와께 있느니라
> (잠 16:33)

하나님의 통치를 의심하고 신뢰하지 못할 때 사탄은 늘 이렇게 우리를 시험합니다.

"봐, 성경에 있는 말씀대로 꼭 되는 것은 아니지? 세상이 변했어. 옛날하고는 달라. 너 정도면 스스로 충분히 할 수 있는 일이잖아? 그래, 네 생각대로 해봐. 될 거야."

그러나 이 부분에 대해 예수님은 분명하게 말씀하십니다.

"너의 하나님을 시험(의심)하지 말라."

세 번째 시험은 명예욕을 부추기는 것입니다. 즉 내가 '되고 싶은 것'을 좇는 삶입니다. 이런 삶의 바탕에는 교만이 있습니다. 우리 안에는 타락한 죄의 본성이 있어서 한 시도 교만의 문제에서 자

유롭지 못합니다. 본성대로 사는 사람에게 교만은 아무런 문제가 되지 않습니다. 몸에 익숙한 옷처럼 교만한 삶이 편합니다. 그러나 거룩하시고 의로우신 하나님 앞에 나아가고자 할 때 교만은 문제가 됩니다. 교만을 가지고는 그분 앞에 도저히 나아갈 수 없기 때문입니다.

미국에서 미국인 남편을 만나 살고 있는 분의 글을 읽은 적이 있습니다.

"나의 한국 친구와 동료를 만나면 주눅이 들 정도로 잘난 사람뿐이다. 아들이 하버드대 입학허가를 받았다고 입이 함지박 만하게 벌어진 친구, 돈 잘 버는 변호사 사위를 맞아 기가 솟은 교수, 기가 막힌 부잣집의 예쁜 막내딸을 며느리로 선택한 뒤 자랑하고 싶어 안달 난 대학 동창…. 듣고 있으면 한국 전체가 일등주의의 나라 같다. 미국에 온 후 내가 가장 힘들게 배운 점은 과장, 자랑, 자기과시, 거짓말, 허영심에 가득 찬 미사여구의 표현… 이런 것이 쓰레기라는 사실과 이 모든 것들을 인간성과 삶에서 깨끗이 쓸어내는 일이었다. 간단히 회의라고 해도 될 것을 국제회의라고 말하던 습관, 한국 외교통상부 미국과장과의 면담을 중요한 한국 고위직과의 면담이라고 브리핑에 쓰던 습관, 논문이 좋았다고 서너 동료가 말한 걸 회의 참가자가 다 좋아했다고 숫자를 늘리던 습관…. 이런 악습을 없애는 데 공을 들여야 했다. 정직의 참 의미를 일깨워 준 사람은 남편이었다. 남편이 내게 준 가장 큰 선물은 정직한 삶의 아름다움을 일깨워 준 점이다. 얼마 지나지 않아 이런 남편의 장점이 미국의 장점임을 알게 됐다."(동아일보, 2007. 9. 21)

명예욕은 곧 과장, 자랑, 자기과시, 거짓말, 허영심으로 나타나며, 명예욕의 뿌리는 바로 교만입니다. 우리에게는 타락한 본성이 있기 때문에 교만한 마음으로부터 자유롭지 못합니다. 그래서 사탄은 늘 이렇게 속삭입니다.

"자, 봐라. 멋지지? 너라고 가지지 못할 이유가 없어. 네 형편 좀 들여다봐! 그렇게 살아서야 되겠어? 교회도 사람 사는 곳인데… 어떻게 해서라도 성공해서 멋지게 살아야 하지 않겠어?"

"세상에서 출세하고 성공하려면 인간관계가 좋아야 해."

세상에서 말하는 인간관계는 무엇을 뜻합니까? 자신의 이해관계에 따라 끼리끼리 모이는 것입니다. 동문회, 향우회, 동기회 등등 관계가 없는 사람은 철저히 배제되는 닫힌 집단들이 사회에 미치는 부정적인 영향력에 어쩌면 우리 모두가 둔감해져 있는지도 모릅니다. 심지어는 교회 공동체 안에서조차 이러한 잘못된 집단들이 자리하고 있다면 적어도 그 공동체는 광야의 시험에서 실패했다고 할 수 있습니다. 이러한 시험 앞에서 예수님은 단호하십니다.

"사탄아 물러가라! 주 너의 하나님께 경배하고 다만 그를 섬기라."

하나님나라를 세워가는 데에는 반드시 시험이 따릅니다. 시험을 피하고 싶지만 그것은 선택사항이 아니라 필수사항입니다. 때문에 예수님께서도 사탄으로부터 시험받음으로 공생애를 시작하였습니다.

예수님께서는 제자들을 파송하시면서 이렇게 말씀하십니다.

너희는 뱀 같이 지혜롭고 비둘기 같이 순결하라 (마 10:16)

어렸을 때 자랐던 시골마을에는 뱀이 참 많았습니다. 어른들은 뱀을 보면 어떻게 해서라도 죽이라고 했습니다. 제대로 죽이지 않으면 그 뱀이 언젠가 나를 해칠 것이라고 말했습니다.

한 번은 논바닥에서 뱀과 마주쳤습니다. 그래서 죽이려고 습관적으로 뱀에게 다가갔는데 도망갈 줄 알았던 뱀이 갑자기 내게로 머리를 들고 공격하는 것이 아닙니까? 보통은 사람이 다가가면 슬그머니 풀 속이나 돌 틈 사이로 도망갔는데 피할 곳이 마땅찮아서 그랬는지 몸을 들고 저항하는 겁니다. 순간 나는 공포심을 느꼈습니다. 그리고 그 때 뱀도 자신을 죽이려는 적을 만나면 저항할 수 있다는 사실을 새삼 깨달았습니다.

뱀이 얼마나 지혜로운지는 모르지만 어린 시절 이러한 경험 때문인지 이 성경구절을 대할 때마다 '대적들에 대하여 때로는 담대히 맞설 수 있는 분별력이 있어야 한다'는 뜻으로 이해가 됩니다.

젊은 시절 아내 몰래 당시로는 꽤 많은 돈을 주고 공기총을 사서 몇 번 사냥을 다녔던 적이 있습니다. 산비둘기나 꿩을 잡아보고 싶었는데 한 마리도 잡지 못하고 아내로부터 핀잔만 들었습니다. 서툴기 그지없는 초보 사냥꾼의 총을 피해 번번이 멀리 도망가버리는 비둘기를 쫓다가 깨달은 것이 있습니다. 꿩이 산기슭 이쪽에서 저쪽으로 날아가는 정도라면 비둘기는 근처에서 얼씬거리지 않고 보통 이 산에서 저 산으로 도망을 갑니다. 이처럼 순결함은 더러운 것을 피함으로써 지켜지는 것입니다. 순결함과 더러움은 결코 함께 할 수 없기 때문입니다. 순결함을 위해서는 악하고 더러운 것을 없애야 하지만 악하고 더러운 것이라고 해서 항상 맞서 해결하려고 한다면 어리석은 것입니다.

그리스도인의 삶은 광야를 통과하는 것과 같습니다. 광야에는 많은 시험이 기다리고 있습니다. 그 시험을 잘 통과하면 약속의 땅 가나안에 들어갈 것입니다. 그러나 그 시험을 이기지 못하면 광야에서 먹고 입고 마시며 살다가 그곳에서 죽을 것입니다.

하나님께서는 우리에게 닥친 시험 앞에서 우리가 어떻게 반응하는가를 주목하여 보십니다. 예수님은 그에게 닥친 첫 번째 시험을 담대히 말씀으로 대적함으로 통과하셨습니다. 하나님나라의 걸림돌이 되었던 당시의 유대인들에게도 예수님은 복음을 선포하며 그들의 거짓된 신앙을 꾸짖으셨습니다. 뱀처럼 지혜롭게 시험을 통과하신 것입니다.

그러나 하나님의 뜻에 따라 십자가를 지실 때는 번제단 위에 올려진 비둘기처럼 한없이 순결한 모습이었습니다.

다윗의 하나님나라가 세워지는 과정에서 우리는 다윗이 만났던 시험을 볼 것입니다. 그 시험 앞에서 다윗이 어떻게 반응하는지도 볼 것입니다. 예수님을 통해 이루어진 하나님나라의 그림자인 다윗의 하나님나라에서 뱀 같이 지혜롭고 비둘기 같이 순결한 하나님의 종 다윗을 뚜렷하게 볼 것입니다.

'광야의 삶을 주신 것을 감사합니다.
광야를 지날 때 분별력과 인내를 주셔서 승리하게 하소서.'

숫자가 아니라 진짜가 필요하다

블레셋 사람들의 진영에서 싸움을 돋우는 자가 왔는데 그의 이름은 골리앗이요 가드 사람이라 그의 키는 여섯 규빗 한 뼘이요 머리에는 놋 투구를 썼고 몸에는 비늘 갑옷을 입었으니 그 갑옷의 무게가 놋 오천 세겔이며 그의 다리에는 놋 각반을 쳤고 어깨 사이에는 놋 단창을 메었으니 그 창 자루는 베틀 채 같고 창날은 철 육백 세겔이며 방패 든 자가 앞서 행하더라…이에 사울이 자기 군복을 다윗에게 입히고 놋 투구를 그의 머리에 씌우고 또 그에게 갑옷을 입히매 다윗이 칼을 군복 위에 차고는 익숙하지 못하므로 시험적으로 걸어 보다가 사울에게 말하되 익숙하지 못하니 이것을 입고 가지 못하겠나이다 하고 곧 벗고 손에 막대기를 가지고 시내에서 매끄러운 돌 다섯을 골라서 자기 목자의 제구 곧 주머니에 넣고 손에 물매를 가지고 블레셋 사람에게로 나아가니라…다윗이 블레셋 사람에게 이르되 너는 칼과 창과 단창으로 내게 나아오거니와 나는 만군의 여호와의 이름 곧 네가 모욕하는 이스라엘 군대의 하나님의 이름으로 네게 나아가노라
(삼상 17:4-45)

사무엘상 17장에 기록된 다윗과 골리앗의 이야기는 예수님을 믿지 않는 사람들에게도 익숙할 정도로 유명합니다. 사실 세상 사람들은 이런 식의 이야기에 관심이 많습니다. 불과 몇 천 원으로 수십억 원을 얻을 수 있는 로또복권의 환상을 가지고 있기 때문입니다. 학교도 제대로 다니지 못한 청년이 일류대학에 합격한 것과 같은 인생역전의 희망을 품고 살아갑니다. 작은 돌멩이 하나로 꼬마 다윗이 거인 골리앗을 물리친 이야기는 그런 면에서도 흥미의 요소를 잘 갖춘 통쾌하기 그지없는 인생역전 로또복권과도 같은 스토리입니다.

그러나 이 이야기를 자세히 들여다보면 분명 그런 말씀이 아닙니다. 골리앗이 보유한 전력과 다윗이 가지고 있는 전력을 비교해 보면 속된 말로 게임이 되지 않습니다. 골리앗의 무장은 갑옷이 55킬로그램, 창날만 하더라도 7킬로그램에 달합니다. 거기에다 투구에 각반에 칼까지 찼으니 못해도 70킬로그램은 되었을 것입니다. 골리앗의 키가 약 3미터라 감안하더라도 그만한 무게를 이기려면 덩치가 얼마나 커야 하겠습니까?

반면 상대편 다윗은 전쟁터에 나간 형들에게 도시락 심부름이나 하는 어린아이의 티조차 벗지 못한 목동에 불과합니다. 손에는 양들을 노리는 들짐승을 쫓는 데나 썼던 매끄러운 돌 다섯과 막대기가 전부입니다.

이 둘의 결투를 가능하다고 말할 수 있는 사람이 어디 있겠습니까? 군사전문가가 아닐지라도 자명한 결과입니다.

세상 사람들은 숫자를 참 좋아합니다. 사람들이 추구하는 것들은 모두 숫자로 표시됩니다. 더 많은 돈, 더 큰 집, 더 비싼 차, 더 높은 지위가 성공을 말해주는 시대입니다. 언제부턴가 많이 가지고 높은 자리에 오르는 것이 성공이 되었습니다. 혼례식이나 장례식에 더 많은 사람을 끌어 모아야 능력을 인정받습니다. 정치권에서도 파벌이나 인맥을 청산한다고 하면서 여전히 끼리끼리 어울리는 당파정치를 청산하지 못하는 것도 사람들이 숫자를 좋아하는 것과 관계가 있습니다. 대부분의 학부모들은 자식의 점수를 1점이라도 더 높일 수 있다면 무리한 방법을 사용해서라도 기꺼이 고액의 사교육비를 지불합니다.

사실 숫자로 표현되는 성공을 꿈꾸는 사람들의 욕심은 끝이 없어서 팥쥐 어멈이 콩쥐에게 준 밑 빠진 독과 같습니다. 순진한 콩쥐는 물을 길어 붓고 또 붓지만 팥쥐 어멈의 끝없는 욕심은 채울 수 없었습니다. 이것이 바로 타락한 인간들의 본성입니다.

말세가 되면 사람들은 돈을 사랑하며 자랑하며 교만해진다고 바울은 디모데후서 3장에서 지적합니다. 사실 성령의 사람으로 변화되기 전에는 누구에게나 이러한 마음이 있습니다. 에덴에서 첫 사람은 욕심을 낼 필요가 없었습니다. 모든 것이 하나님으로부터 주어졌기 때문에 그냥 누리기만 하면 되었습니다. 그러나 타락한 후로는 무언가 얻기 위해 땀을 흘려야만 했습니다. 이것이 비극의 출발입니다.

요한복음 4장을 보면 야곱의 우물로 물 길러 나온 사마리아 여자의 이야기가 나옵니다. 자꾸만 물 길러 가지만 목마름이 해결되지 않습니다. 남편을 다섯씩이나 두었지만 지금은 하나도 없습니다. 주님을 만나기 전의 사마리아 여자처럼 허기진 타락한 육신의 욕구는 마셔도 마셔도 목이 마르고 채워도 채워도 끝이 없습니다.

타락한 세상에서 사는 우리처럼 말입니다. 그런데 도저히 해결할 수 없을 것 같았던 목마름과 허기짐이 주님을 만난 후 모두 해결되었습니다. 더 이상 물동이가 필요 없게 된 것입니다.

성경 어디를 보더라도 하나님나라는 숫자로 들어가는 곳이 아닙니다. 돈이 많다고 해서 들어가는 곳도 아니고 지식이 높다고 해서 들어가는 곳도 아닙니다. 그렇다고 해서 돈이 없거나 무식해야 들어갈 수 있는 곳이라는 뜻은 아닙니다. 구제나 선행을 많이 했다고 해서 들어갈 수 있는 곳도 아닙니다. 하나님나라는 숫자와 관계없는 곳이기 때문입니다.

세상은 그렇다 하더라도 교회 내에서조차 숫자를 성공의 척도로 삼고 있지는 않습니까? 어떤 교회는 수천, 수만 명의 성도수를 자랑합니다. 또 어떤 교회는 그고 웅장하며 현대적인 시설을 갖춘 예배당 건물을 뽐냅니다.

미주 뉴스앤조이(2007. 12. 11) 인터넷 판에서 충격적인 발표를 읽은 적이 있습니다. 미국뿐만 아니라 세계적으로도 교회성장의 모델이 된 시카고의 윌로우크릭 교회의 사역자들이 조사하고 연구한 결과입니다. 32년간 그 교회사역을 이끌어온 철학과 프로그램에 대하여 「Reveal: Where Are You?」라는 책에 담았는데 그들이 내린 결론이 다음과 같습니다.

"뭔가 잘못됐다. 우리가 실수했다. 숫자로는 성공했는지 몰라도 예수 그리스도의 참된 제자를 만드는 일에는 실패했다."

경영이론과 심리학을 도입함으로써 교회성장을 이루었다는 측면에서 아직도 비판과 논란의 대상이 되고 있는 윌로우크릭 교회의 지도자 빌 하이벨스 목사 역시 그와 같은 결론에 동의했다고 합니다. 그나마 세계적으로 영향력 있는 교회가 그러한 고백을 할 수 있다는 것이 참 다행스럽습니다. 우리도 더 늦기 전에 이러한 고백을 할 수 있어야 합니다. 하나님나라는 숫자적인 성공이 아니라고 말입니다.

열왕기상 18장에서 참 기묘한 대결을 볼 수 있습니다. 갈멜 산에 수백 명의 바알과 아세라 선지자들이 한 명의 엘리야와 맞서 있습니다. 한쪽은 세상적으로 성공한 사람들 편입니다. 그들 뒤에는 든든한 왕의 후원이 있습니다. 지위와 명예와 물질적 풍요가 있습니다. 그러나 다른 한쪽은 세상적으로 보기에는 빈약하기 이를 데가 없습니다. 대결의 결론은 뻔합니다. 한 명이 수백 명을 이길 수 없는 것이 세상의 법칙 아닙니까? 명예나 돈 정도가 걸린 대결이 아닙니다. 결과에 따라 사느냐 죽느냐가 결정되는 무서운 대결입니다. 그런데도 엘리야는 담대하게 맞섰습니다.

갈멜 산 결투의 결과가 어떻게 되었습니까?

오늘날 갈멜 산에서와 같은 상황에 부딪혔을 때 담대하게 적과 맞설 수 있는 믿음을 가진 크리스천이 몇 명이나 되겠습니까?

많은 크리스천들이 엘리야와 같은 믿음을 달라고 기도합니다. 그런데 그들이 간구하는 것이 죽을지도 모르는 상황에서라도 담대하게 일어설 수 있는 믿음입니까, 아니면 세상이 믿을 수 없는 결과를 만들어내는 괴력 같은 능력을 얻는 믿음입니까? 정직하게 말한다면 후자 쪽이 아닙니까?

엘리야가 갈멜 산 대결의 결과를 미리 알고 있었다고는 생각지 않습니다. 그렇다고 그의 믿음을 의심하는 것은 결코 아닙니다.

엘리야가 이겼기 때문에 선(善)인 것은 아닙니다. 하나님의 뜻이 엘리야가 죽는 것이었다면 그것이 선이 될 수도 있기 때문입니다. 그런데 만약 세상 사람들의 기대대로 엘리야가 이방 선지자들에게 패하여 갈멜 산에서 죽는 것이 하나님의 계획이었다면 그래도 엘리야와 같은 믿음을 달라고 기도하겠습니까?

쇳덩이도 녹일 만한 용광로 속에 던져진 다니엘의 세 친구가 성경의 말씀대로 살아나온 것이 아니라 세상의 상식대로 타 죽었다면, 사자 굴에 던져진 다니엘이 믿음의 조상들처럼 사자에 뜯겨 죽었다면… 그래도 여전히 그들과 같은 믿음을 달라고 부르짖겠습니까?

엘리야와 다니엘과 다니엘의 세 친구의 믿음이 증명된 것은 이방선지자들을 물리치고, 사자 굴에서 살아나오고, 용광로 속에서 타지 않고 살았기 때문이 아니라 인간으로서는 절대 넘을 수 없는 시험 앞에서 하나님만 의지하고 굳게 섰기 때문입니다.

골리앗과 맞선 다윗은 분명 믿음의 용사였습니다. 이슬람 국가에 복음을 들고 들어가는 선교사들도 그런 용사이리라 믿습니다. 하나님나라는 숫자를 믿는 사람들이 만드는 것이 아니라 하나님을 믿는 사람들이 만드는 것이기 때문입니다. 가짜는 결코 진짜를 이기지 못합니다. 가짜가 수백 개 있을지라도 필요 없습니다. 단 한 개뿐일지라도 우리에게 필요한 것은 진짜입니다.

무슨 일을 하려고 할 때 본능적으로 숫자를 따집니다. 돈은 충분한가, 일할 사람은 확보되었는가, 시간은 넉넉한가 등등. 여러 가지 조건들 가운데 하나라도 부족하면 불안하고 염려합니다.

에덴동산에서 살 때에는 그런 생각을 할 필요가 없었습니다. 그저 충만하고 정복하고 다스리기만 하면 되었습니다. 그러나 그곳에서 쫓겨난 후로는 우리 속에 이러한 타락한 본성이 자리 잡게 된 것입니다. 양식을 얻기 위해 땀을 흘려야 했고 몸을 가리기 위해 짐승의 가죽을 벗겨야 했으며 비바람과 대적을 피하기 위해 장막을 짓고 성을 쌓아야 했습니다. 생존을 위해서 숫자를 따지지 않을 수 없게 된 것입니다.

그러나 창조 이래 하나님의 일하시는 방식은 여전히 동일합니다. 갈멜 산에서 보여주신 것처럼 하나님께서는 결코 숫자로 일하시지 않습니다.

 2007년 여름, 아프가니스탄으로 단기선교를 떠났던 분당의 한 교회 자원봉사단 23명이 현지 탈레반 세력에게 납치된 사건으로 온 나라가 충격에 휩싸였던 적이 있습니다. 2명이 피살되고 나머지 21명이 석방된 42일 동안, 안타까움과 엄청난 비난이 공존하는 가운데 하나님나라에 대하여 그리고 그 나라의 건설에 대하여 참 많이 생각하게 되었습니다. 많은 사람들이 안전대책을 이야기하고 국가의 명령에 대하여 말할 때 하나님나라가 그런 식으로 세워지는 것인가 하는 의문을 가지지 않을 수 없었습니다. 심지어는 교회 안에서 조차 책임을 말하며 세상의 질책 앞에 고개 숙인 무력한 모습을 보았을 때 그런 의문은 더욱 커져갔습니다.

 순교를 자랑스럽게 이야기하면서도 그 길은 가지 않으려고 하는 그리스도인들!

 행함은 없으면서 선교 방식에 대해 이러쿵저러쿵 말이 많은 크리스천들!

 하나님나라까지도 바벨탑을 쌓듯 자신의 방법과 자원으로 세우려 하는 시대는 아닙니까?

 엘리야가 이방 선지자들을 대적할 때, 다윗이 골리앗과 맞서 싸울 때, 치밀하게 전략을 세우고 전술을 동원했다는 이야기는 들어 보지 못했습니다. 다윗은 어린 자신을 염려하여 사울 왕이 입혀준 갑옷과 놋 투구를 오히려 벗어버리고 만군의 여호와 이름을 부르며 나아갔습니다.

하나님나라의 역사 속에서 많은 믿음의 선진들이 동일한 하나님의 이름을 부르며 십자가에 거꾸로 매달려 죽고 사자 밥이 되었으며 톱에 쓸리고 칼에 맞아 죽었습니다. 광야와 산과 동굴과 토굴에서 유리하고, 고문당하고, 돌에 맞고, 옥에 갇혔습니다. 온갖 궁핍과 환난과 학대를 받았습니다.(히 11:37 참조)

서울 양화진에 묻힌 많은 이방의 선교사들은 자신에게 친숙한 땅을 떠나 척박한 광야와 같았던 이 땅에 와서 하나님의 이름을 위해 생명을 걸고 헌신했습니다. 우리 눈에는 무가치하고 무의미하게 보일 수도 있는, 적어도 그렇게까지 할 필요가 없어 보이는 죽음일지라도 하나님께서 그들을 희생 제물로 받으셨다면 그 죽음이야말로 가장 가치 있고 의미 있는 죽음일 것입니다.

마리아가 300데나리온이나 되는 고가의 향유를 예수님 발 앞에 부었을 때 어떤 사람은 비난했습니다. 그 돈으로 가난한 사람을 구제하라며 고상한 말로 충고했습니다. 이러한 충고는 사실 매우 합리적입니다. 우리도 겉으로는 그런 그를 비난하지만 사실 속으로는 그 비난에 동조하고 있는지도 모릅니다. 그러나 하나님께서는 마리아의 드림을 향기롭게 하셨습니다.

> 그가 내게 좋은 일을 하였느니라 (마 26:10; 막14:6)

두 렙돈이라는 아주 적은 헌금을 한 어느 가난한 과부에 대해서 예수님께서 말씀하십니다.

> 이 가난한 과부가 다른 모든 사람보다 많이 넣었도다
> (막 12:41-44; 눅 21:1-4)

렙돈은 가장 작은 화폐단위로서 일꾼들의 하루 품삯인 데나리온의 1/16에 해당한다고 합니다. 그런데 그렇게 작은 돈을 다른 부자들이 넣은 돈보다 많다고 하십니다. 이것은 어린 아이들에게 물어보아도 알 수 있는 틀림없이 잘못된 셈입니다. 어떻게 천 원이 만 원보다 많을 수 있습니까? 그런데도 예수님은 여전히 말씀하십니다.

"천 원이 만 원보다 많다!"

이것이 하나님나라의 셈법입니다. 세상에서 말하는 숫자가 결코 아닙니다.

믿지 않는 사람들이 교회에 나오기 힘든 이유 가운데 하나가 헌금입니다. 교회에 다니는 사람들에게도 이 문제가 쉽지 않으니 믿

음이 없는 사람들에게 부담이 되는 것은 어쩌면 당연한 일입니다. 헌금문제 만큼이나 우리의 믿음을 시험하는 것은 없을 것입니다. 그것은 하도 교묘해서 우리 스스로도 속기 쉽습니다.

'이 정도 헌금했으니 하나님 앞에 얼굴을 들 수 있겠지?'

'그래도 내가 우리 교회에서는 헌금을 많이 한 편일 거야!'

'이 정도면 최선을 다한 것이야.'

이런 생각의 바탕에는 하나님의 기준이 아닌 내 기준이 자리잡고 있습니다. 내 기준으로는 천만금이 많게 여겨지겠지만 하나님의 기준으로는 그저 '더러운 떡'(말 1:7)이요 '헛된 제물'(사 1:13)일 뿐일지도 모릅니다.

꼭 헌금 문제가 아닐지라도 돈은 믿음의 삶을 살고자 결단하는 자들이라면 반드시 통과해야 하는 큰 시험임에 틀림없습니다. 많은 사람들이 본능적으로 하나님의 일까지도 숫자로 비교하고 평가하려 합니다. 그러나 결단코 하나님나라는 숫자가 아닙니다.

"이 사람의 천 원이 너의 만 원보다 많다!"

예수님은 이 땅에 오셔서 주로 하신 말씀은 하나님나라에 대한 것입니다. 그만큼 믿음으로 구원받은 자들이 만들어갈 하나님나라가 중요했기 때문입니다. 흙 속에 묻혀 잘 드러나지 않지만 보화의 가치를 알고 그것을 얻기 위해 전력투구하는 진짜들! 구원받아 천국 가는 정도가 아니라 적극적으로 그리스도의 군사로 사는 사람들이 중요합니다.

다윗이 그런 사람이었습니다. 다윗은 진짜가 무엇인지 확실히 알았습니다. 때문에 거대한 골리앗을 향해 조금도 주저하지 않고 담대하게 맞서 싸울 수 있었습니다. 골리앗을 쓰러뜨린 것은 한 개의 돌멩이였지만 그것은 보통 돌멩이가 아니었습니다. 하나님의 이름을 가진 돌멩이였습니다.

예수님께서 세례를 받으신 후 시험을 받았을 때 조금도 주저함이 없이 말씀으로 사탄을 대적하여 물리치셨습니다. 이 세상에는 사탄의 영들이 지배하는 견고한 진들이 널려있습니다. 마음 속에 있는 내 목표, 내 방법, 내 자원, 나를 둘러싼 세상의 문화와 권세가 그 견고한 진이 될 수도 있습니다. 그러한 견고한 진들을 파해나가며 사탄의 영과 대적하는 것이 영적 전쟁입니다.

영적 전쟁에 어떤 무기를 들고 나아가겠습니까? 아직도 숫자를 생각한다면 이제 포기하십시오. 적어도 다윗은 그렇게 하지 않았습니다. 그는 '만군의 여호와의 이름'이라는 보화, 숫자가 아닌 진짜를 들고 간 진짜였습니다.

하나님께서는 보화를 얻기 위해 자기 소유를 다 팔아 밭을 산 다윗을 통해 하나님나라를 세우시고 싶었던 것입니다.

> 천국은 마치 밭에 감추인 보화와 같으니 사람이 이를 발견한 후 숨겨 두고 기뻐하며 돌아가서 자기의 소유를 다 팔아 그 밭을 사느니라 (마 13:44)

계산법이 다르다

> 그러므로 다윗이 그 곳을 떠나 아둘람 굴로 도망하매 그의 형제와 아버지의 온 집이 듣고 그리로 내려가서 그에게 이르렀고 환난 당한 모든 자와 빚진 모든 자와 마음이 원통한 자가 다 그에게로 모였고 그는 그들의 우두머리가 되었는데 그와 함께 한 자가 사백 명 가량이었더라 (삼상 22:1-2)

다윗이 사울 왕을 피하여 가드 왕 아기스에게 몸을 의탁하고자 하였으나 아기스의 신하들은 다윗의 명성을 익히 들었던 터라 그를 두려워하였습니다. 다윗은 다윗대로 그들의 경계심이 오히려 그에게 또 다른 두려움이 되었습니다.

조선왕조 말엽 흥선대원군은 강력한 지배 권력이었던 안동 김씨의 경계심을 피하기 위해 상갓집 개라는 말을 들을 정도로 흐트러진 삶을 산 적이 있었습니다. 다윗도 그와 같은 방법을 사용했습니다. 환경을 둘러보면 도무지 희망이 보이지 않습니다. 하지만 어떻게 해서라도 다윗왕국의 건설을 위해 살아남아야만 했습니다. 그

때 한없이 구겨진 다윗의 모습을 보게 됩니다.

> 미친 체하고 대문짝에 그적거리며 침을 수염에 흘리매…
> (삼상 21:13)

그곳을 떠난 다윗이 어쩔 수 없이 간 곳이 아둘람 굴입니다. 그곳의 상황을 사무엘상 22장 첫머리에 다음과 같이 기록하고 있습니다.

> 환난 당한 모든 자와 빚진 모든 자와 마음이 원통한 자가 다 그에게로 모였고 (삼상 22:2)

그곳에는 다윗의 혈족 외에 뭔가 결핍된 자, 문제가 있는 자들이 모여들었습니다. 이것이 하나님이 허락하신 다윗왕국의 모습입니다. 도무지 나라가 될 것 같지 않는 초라하기 그지없는 모습입니다.

새 정부가 들어서면 비서진들은 물론이고 각료들을 새로 뽑아 세우는 일부터 합니다. 10년 만에 정권교체를 이룬 이명박 정부가 발표한 인사들의 면면을 보면 참으로 대단했습니다. 화려한 학력과 경력, 게다가 평균 이상의 재산까지 소유했으니 어느 면으로 보더라도 완벽했습니다. 겉보기에는 하나님이 다윗에게 붙여준 사백 명의 인사들과는 도무지 비교가 되지 않습니다. 압도적인 지지를 보낸 국민들의 기대에 부응하여 어려워진 경제문제를 멋지게 해결할 인사로 조금도 부족함이 없어 보였습니다. 그랬던 그들이 100일도 지나지 않아 미국과의 쇠고기 협상 결과로 비롯된 일련의 소통부재로 많은 국민들의 엄청난 저항에 부딪쳐 곤욕을 치르지 않습니까?

아둘람 굴의 모습을 보십시오! 아무리 보아도 하나님이 기름 부어 세운 최초의 하나님나라의 모습이 영 아닙니다. 끊임없이 목숨을 노리며 뒤쫓는 사울 왕을 피해 이방 왕 앞에서 미친 사람처럼 행동하는가 하면 광야의 이 산 저 산으로 도망 다니는 왕의 모습을 보아도 그렇고, 환난 당한 자, 빚진 자, 원한을 가지고 있는 자들뿐인 백성들의 모습을 보아도 그 어디에서도 위대한 하나님나라의 위엄과 권위는 찾아볼 수가 없습니다.

그렇습니다! 하나님나라의 계산은 세상나라의 계산과는 뭔가 다릅니다! 하나님의 방식은 세상의 방식과는 본질적으로 다릅니다. 지혜로운 자도 많지 않고 능한 자도 많지 않으며 문벌 좋은 자도 많지 않지만 세상의 미련한 것들을 택하여 지혜 있는 자들을 부끄럽게 하시고 세상의 약한 것들을 가지고 강한 것들을 부끄럽게 하시며 세상의 천하고 멸시 받으며 없는 것들로 있는 것들을 폐하시는 분이 바로 하나님이십니다.(고전 1:26-29 참조) 이것이 하나님나라의 비밀이요, 감춰진 보화입니다. 세상의 계산법과는 근본적으로 다른 하나님나라만의 계산법입니다.

예수님은 갈릴리를 떠나 예루살렘으로 가는 도중에 포도원 주인과 품꾼의 비유를 통해 이 비밀을 말씀하셨습니다.

"천국은 마치 품꾼을 얻어 포도원에 들여보내려고 이른 아침에 나간 집 주인과 같으니 그가 하루 한 데나리온씩 품꾼들과 약속하여 포도원에 들여보내고 또 제삼시에 나가 보니 장터에 놀고 서 있는 사람들이 또 있는지라 그들에게 이르되 너희도 포도원에 들어가라 내가 너희에게 상당하게 주리라 하니 그들이 가고 제 육 시와 제 구 시에 또 나가 그와 같이 하고 제 십일 시에도 나가 보니 서 있는 사람들이 또 있는지라 이르되 너희는 어찌하여 종일토록 놀고 여기 서 있느냐 이르되 우리를 품꾼으로 쓰는 이가 없음이니이다 이르되 너희도 포도원에 들어가라 하니라 저물매 포도원 주인이 청지기에게 이르되 품꾼들을 불러 나중 온 자로부터 시작하여 먼저 온 자까지 삯을 주라 하니 제 십일 시에 온 자들이 와서 한 데나리온씩을 받거늘 먼저 온 자들이 와서 더 받을 줄 알았더니 그들도 한 데나리온씩 받은지라 받은 후 집 주인을 원망하여 이르되 나중 온 이 사람들은 한 시간밖에 일하지 아니하였거늘 그들을 종일 수고하며 더위를 견딘 우리와 같게 하였나이다 주인이 그 중의 한 사람에게 대답하여 이르되 친구여 내가 네게 잘못한 것이 없노라 네가 나와 한 데나리온의 약속을 하지 아니하였느냐 네 것이나 가지고 가라 나중 온 이 사람에게 너와 같이 주는 것이 내 뜻이니라 내 것을 가지고 내 뜻대로 할 것이 아니냐 내가 선하므로 네가 악하게 보느냐 이와 같이 나중 된 자로서 먼저 되고 먼저 된 자로서 나중 되리라"(마 20:1-16)

포도원 주인의 계산법은 누가 보더라도 참 불공평해 보입니다. 합리적이지도 않습니다. 세상에서는 이런 일이 일어나지 않도록 미연에 방지하기 위해 끊임없이 공평하고 정의로운 법을 만들어냅니다. 포도원 주인은 세상 물정과는 한참 동떨어진 사람임에 틀림없습니다.

비정규직 관련법으로 한참 나라가 시끄러웠던 적이 있습니다. 비정규직 근로자를 정규직 근로자들과 비교하여 차별을 두지 말라는 법인데 그 취지는 바람직했는지 모르나 나타난 결과는 그와 달랐습니다. 비정규직 일자리라도 얻기 원했던 구직자들은 일자리 구하기가 오히려 더 어려워졌고, 사업주는 사업주대로 법을 준수하면서 수익을 내는 방법을 모색하느라 힘들다고 합니다.

삶의 현장에서 일어나는 각종 차별을 시정하기 위한 공적인 노력은 마땅히 계속되어야 합니다. 이 땅에 온전한 하나님나라가 들어서기 전에는 공평한 사회를 향한 노력들이 계속될 수밖에 없습니다. 이 점이 바로 세상 나라의 문제이자 한계입니다.

포도원 주인과 품꾼의 이야기를 보십시오. 아침부터 일한 사람일지라도 애초에 주인과 약속한 품삯을 모두 받았기 때문에 불평할 이유가 없습니다. 그러나 배고픈 것은 참아도 배 아픈 것은 못 참는다고 하지 않습니까? 중간에 들어와 일한 자가 이른 아침부터 일한 자들과 함께 불평했는지 명확하게 기록되어 있지는 않습니다. 하지만 '종일 수고하며'라는 표현으로 미루어 볼 때 그들은 별다른 불평을 하지 않았던 것 같습니다. 맨 나중에 들어온 자와 비교하면 배가 아프겠지만 아침부터 일한 자와 비교하면 이득을 얻었다고 생각했기 때문일 것입니다.

사실 세상은 불공평합니다. 불공평한 세상을 공평한 세상으로 만들 수 있다고 생각하는 혁명가들도 있었지만 그들의 시도가 완벽하게 성공한 적은 단 한 번도 없었습니다. 예수님조차 이 세상에 오신 목적이 공평한 세상 만들기 위해서라고 말씀하시지 않았습니다.

성경을 비판적으로 보는 사람들은 구약시대에 하나님이 왜 그토록 많은 살인과 약탈을 허용하여 아무 것도 모르는 무지한 사람들까지 죽게 하였느냐고 이야기합니다. 사랑의 하나님이라고 하면서 이스라엘에만 관심이 있는 편파적인 분이 아니냐며 불공평하다고도 말합니다.

통시적인 하나님의 계획을 알지 못하면 충분히 그렇게 이야기할 수 있을 것입니다. 불공평은 이 세상 나라가 가지고 있는 근본적인 문제이며 사실 우리에게는 해답이 없습니다. 그럼에도 불구하고 자기 의가 강한 사람들은 이 문제를 해결하고자 도전합니다. 노동조합주의자들은 노조가 산업현장의 평화를 가져올 수 있다고 생각할지 모르겠지만 강한 노조가 오히려 걸림돌이 되었던 경우가 더 많습니다. 거창한 구호를 외치며 공산주의 혁명을 일으킨 레닌주의자들은 모든 인민이 공평하기를 바랐고 그렇게 될 수 있다고 믿었지만 결과는 그들의 의도대로 되지 못했습니다. 우리가 할 수 없으니 체념하라는 뜻이 결코 아닙니다. 유일한 해결책인 하나님나라를 세우는 일에 집중해야 한다는 것입니다.

사실 세상 나라 가운데 우리가 세운 하나님나라는 불완전하기 짝이 없습니다. 예수님이 다시 오실 때 함께 임할 그날까지는 우리의 어떤 시도와 노력도 미완성일 수밖에 없습니다. 결코 불공평이 문제가 되지 않는 나라! 세상 나라의 계산법이 무력해지는 나라! 그런 나라를 통해서 하나님을 기쁘시게 할 수 있다면 오늘 우리는 그런 나라를 세우는 일에 합력해야 할 것입니다.

교회는 일정한 회원 자격을 요구하는 협회나 단체가 아닙니다. 사실 교회는 예수 그리스도를 믿는 고백 외에는 그 어떤 다른 조건도 필요 없습니다.

'나는 잘 하는 것도 없고, 내세울 만한 것도 없어. 그래서 교회는 갈 수 없어.' 교회에 이와 같은 보이지 않는 문턱이 있다면 그것은 문제입니다. 죄를 함께 나누고 십자가 앞에 나아가 씻음 받는 것이 아니라 서로를 정죄하고 판단하는 영이 있다면 그곳은 불완전하고 미숙하기 짝이 없는 교회입니다. 그런데 불행히도 우리 주변에는 그런 교회들이 많습니다.

오래 전 이야기이긴 합니다만 미국 교포들이 하는 얘기를 들은 적이 있습니다. 교포사회도 여러 그룹으로 나뉘어져 있다고 합니다. 의사나 교수들 같은 비교적 상류층에 속한 사람들과 세탁소 같은 조그만 사업체를 운영하는 사람들이 따로 모인다는 것입니다. 또 국제결혼을 해서 미국에 들어와 사는 한국 여성들이 많은데 백인 남편을 둔 사람들은 교포사회에 어울리는 반면 흑인 남편을 둔 사람들은 나타나지 않는다고 합니다. 심지어 출석하는 교회까지도 나뉘어져 있다고 했습니다.

이러한 모습은 그곳만의 이야기가 아닙니다. 사실 우리 주변에서도 어렵지 않게 볼 수 있습니다. 사업이 실패하거나 자녀가 잘못되면 슬그머니 다니던 교회를 떠납니다. 자기와 생각이 다르거나 무슨 나쁜 기억이라도 있는 사람이 있으면 그것을 이유로 다른 교회로 옮겨갑니다. 교회를 떠나지 않더라도 마음에 보이지 않는 벽을 쌓고 지냅니다. 이런 것들은 하나님나라의 모습이 아닙니다. 세상의 어떤 죄나 허물도 포용할 수 있는 용광로와 같은 교회, 그리스도의 사랑과 위로가 풍성한 교회, 애통함과 긍휼이 흘러나오는 교회야말로 진정한 하나님나라의 모습일 것입니다.

다윗의 하나님나라도 환난 당한 자, 빚진 자, 마음이 원통한 자들로 시작되었습니다. 교회 안에는 믿음의 초보도 있고, 늘 넘어지는 사람도 있습니다. 부자도 있고, 사업에 실패하여 곤궁한 처지에 놓인 사람도 있습니다. 능력이 탁월한 자도 있고 그렇지 못한 자도 있습니다. 얼굴 생김새도 저마다 다르고 성격과 기질도 다양합니다.

개미들을 유심히 관찰한 적이 있습니다. 자기네들끼린 뭔가 분주하게 움직이며 왔다 갔다 하지만 사실 우리 눈에는 하나같이 시커멓고 똑같아 보입니다. 그러나 개미들 세계에서는 나름대로 역할과 능력이 다르다고 합니다. 우리들의 모습도 마찬가지일 것입니다. 우리가 보기에는 제각기 달라도 하나님의 눈에는 어쩌면 다 똑같이 소중한 당신의 작품으로만 보일 것입니다. 하나님께서는 사람을 다 똑같게 창조하셨는데 우리가 스스로 다르게 보고 있지는 않습니까?

하나님은 선하신 분으로 그분이 만든 작품에는 결함이 없다고 믿습니다. 선함 속에 있는 다양성은 그분의 설계원리 중 하나이자 하나님나라의 풍성함의 원천입니다. 따라서 다양성을 이유로 끼리끼리 나누는 것은 악입니다. 다양한 사람들이 모여 이룬 나라가 평화롭게 움직이기 위해서는 에너지가 필요합니다. 그 에너지가 바로 하나님의 사랑입니다. 세상의 방식으로 회계하는 교회가 아니라 하나님의 방식으로 계산하는 교회를 세워가는 영적 분별력을 갖춘 성도가 절실히 필요한 시대입니다. 아둘람 굴이 다윗왕국의 출발이 된 것처럼 다양함이 합력하여 선을 이루기 위하여 하나님나라를 움직일 참된 에너지가 더욱더 필요한 시대입니다.

'아둘람 굴 같은 세상에서도 천국의 소망을 품고 살아가는
그리스도인이 되게 하소서!'

하나님 어떻게 할까요?

> 이에 다윗이 여호와께 묻자와 이르되 내가 가서 이 블레셋 사람들을 치리이까 여호와께서 다윗에게 이르시되 가서 블레셋 사람들을 치고 그일라를 구원하라 하시니 (삼상 23:2)

다윗에 대한 사울의 추격은 집요했습니다. 사울은 백성들에게 다윗의 은신처를 신고하도록 압력을 가했습니다. 백성들은 현실의 왕 사울의 권세를 무시할 수 없었습니다. 그러던 중 엄청난 일이 벌어졌습니다. 다윗이 사울을 피해 먼저 라마로 가서 사무엘을 만난 것입니다. 이스라엘이 사무엘의 영적 권위 아래 있을 때는 그의 한

마디가 영향력이 있었습니다. 그러나 하나님의 영이 떠나버린 사울에게 사무엘이 할 수 있는 것은 더 이상 없었던 것 같습니다.

다윗은 추종자들을 이끌고 놉으로 내려갔습니다. 그곳에는 제사장 아히멜렉이 성전을 지키고 있었습니다. 먹을 것조차 궁핍했던 다윗은 그곳에서 거룩한 떡으로 허기를 달래고 오래 전 자신이 골리앗을 물리치고 얻은 전리품인 골리앗의 칼을 얻어 그곳을 떠났습니다.

다윗이 가드를 거쳐 아둘람 굴로 도망했다가 모압을 거쳐 유다 땅 헤렛 숲에 숨어있을 때입니다.

사울은 제사장 아히멜렉이 다윗에게 떡과 칼을 준 것을 에돔 사람 도엑에게 듣고 이를 문제 삼습니다. 사울에게 불려간 아히멜렉 일행은 적과 내통했다는 이유로 죽임을 당합니다. 사울의 명령에 아무도 제사장들에게 칼을 대려 하지 않았지만 밀고자 도엑이 칼을 들어 아히멜렉을 포함하여 85명이나 되는 제사장들을 죽였고, 놉에 살고 있던 제사장 가족들과 가축들을 죽였습니다.

이러한 혼란한 시국에 블레셋 사람들이 그일라 사람들을 공격하여 농작물을 탈취했다는 소식이 다윗에게 들려옵니다. 앞에 인용한 사무엘상 23장 2절은 그일라에 구원군을 보낼 것인가를 결정하기 전에 다윗이 하나님께 묻는 장면입니다.

이때의 다윗이 처한 상황이 어떻습니까? 사울을 피해 이리저리

정처 없이 도망 다니는 신세입니다. 자신을 좇는 왕은 아무 것도 두려워하지 않는 자처럼 보입니다. 다윗과 만났다는 이유만으로 거룩하게 구별된 85명의 제사장들을 죽였습니다. 아둘람 굴에서는 400명 정도이던 추종자들이 이제 600명 정도로 불어났습니다. 세상 어디에도 이들을 받아줄만한 곳이 없어 보입니다. 한마디로 제 몸 하나 주체하기 힘든 상황에 부하들이 지나가는 말로 소식을 전합니다.

"블레셋 사람들이 그일라 사람들을 쳐서 타작마당을 탈취했다고 합니다."

방송과 신문은 쉴 틈 없이 세상에서 일어나는 소식들을 전합니다. 하지만 사람들은 자신에게 관심 있는 것만 보고 듣습니다. 관심이 있을지라도 자신의 이해와 관계가 없으면 그저 흥밋거리 정도로만 보고 듣습니다. 다윗에게 전한 이 뉴스 역시 어찌 보면 그에게는 그저 흥밋거리 이상이 아닐 수도 있습니다. 그런데 다윗은 그것을 흘려버리지 않고 하나님께 가지고 나아가 묻습니다.

"하나님, 어떻게 할까요?"

놀랍게도 하나님께서는 다윗에게 그일라를 구해주라고 하십니다.

다윗의 추종자들은 기가 막혔습니다.

'우리들에게 익숙한 유다 땅에 있는 것조차도 두려운데 그일라에 가서 블레셋 사람들의 군대를 치고 그일라를 구해주라니…. 우

리 대장 상황 파악도 안 되는 것 보니 어떻게 된 것 아니야?'

이렇게 생각했던 것 같습니다. 부하들의 항의에 다윗은 한 번 더 하나님께 묻지만 돌아온 대답은 동일합니다. 다윗의 구원군은 블레셋을 쳐서 그일라를 구해주었습니다.

다윗이 그일라에 있다는 정보를 들은 사울이 그일라로 추격해 옵니다. 다윗이 이 소식을 들었습니다. 하지만 다윗에게는 그일라 사람들이 자신을 사울로부터 지켜줄 것인지에 대해 확신이 없었습니다. 이때도 다윗은 먼저 하나님께 나아가 물었습니다.

"하나님, 어떻게 할까요?"

그일라 사람들이 다윗을 배신할 것이라는 하나님의 대답을 들은 다윗과 그 일행은 황망히 그일라를 떠나 광야로 향했습니다.

다윗이 블레셋 왕 아기스에게 망명하여 그의 도움으로 시글락에 거처를 두고 있을 때였습니다. 이스라엘의 대적 블레셋이 이스라엘을 침공하는 일이 있었습니다. 동족을 치고자 하는 블레셋의 계획에 블레셋의 신세를 지고 있는 다윗으로서는 곤혹스러웠을 것입니다. 세상 나라의 영향력 아래 들어간 다윗이다보니 선택의 여지가 없었는지도 모릅니다. 다윗 군은 블레셋 군을 따라 아벡의 전장으로 나갑니다. 이스르엘에 진 친 이스라엘 군과 한바탕 큰 싸움이 있기 직전입니다. 그때 블레셋의 장군들이 문제를 제기합니다.

"왕이시여, 저들이 언제 우리에게 등을 돌릴지 어떻게 알겠습니까?"

어쩌면 당연한 문제 제기입니다. 다윗이 아무리 블레셋 왕과 좋은 관계라 하지만 피는 물보다 진한 것이니 말입니다. 블레셋 왕도 신하들의 간언을 부인하지 못하고 다윗 군을 철수하게 합니다. 하마터면 다윗이 자신의 동족과 전쟁을 치를 뻔했던 순간에 하나님께서 이를 막으신 것입니다.

동족과의 싸움은 피할 수 있었지만 사흘 만에 시글락에 돌아온 다윗에게는 기가 막힌 일이 기다리고 있었습니다. 자신들이 없는 틈에 아말렉 사람들이 쳐들어와서 마을을 불태우고 모든 여자들과 자녀들을 납치해갔던 것입니다. 엄청난 재난 앞에서 다윗 일행은 모두 엉엉 울었습니다. 부하들은 아내와 자녀들이 납치당한 것이 분한 나머지 다윗에게 분풀이를 하려고 했습니다. 다윗을 돌로 치자는 소리가 들리자 다윗은 마음이 조급해졌습니다. 이 순간에도 우리의 다윗은 먼저 하나님께 나아가 물었습니다.

"하나님, 어떻게 할까요?"

위기의 상황 속에서 하나님께 묻기를 우선했던 다윗은 그분으로부터 힘과 용기를 얻었습니다. 그리고 하나님의 말씀에 따라 아말렉을 뒤쫓아 그들을 치고 그들이 약탈해간 재산과 사람들을 고스란히 되찾을 수 있었습니다.

다윗의 삶이 지금 평온한 것이 아닙니다. 내일을 기약할 수 없는 고난과 역경의 삶 자체입니다. 다윗이 한 인간으로서 뛰어난 점이 많았던 것은 사실이지만 하나님께서 그를 기름 부으신 왕으로 삼으신 것은 무엇보다 먼저 자신의 영원한 왕이신 하나님께 묻는 태도 때문이었을 것입니다.

믿음의 사람들은 하나님의 음성을 듣기 원합니다. 그러나 대부분의 성도들이 듣지 않거나 듣지 못하고 살아갑니다. 사울도 다급한 상황에서는 하나님을 찾았습니다. 그러나 그는 하나님의 음성을 들을 수가 없었습니다. 성경은 그 이유를 하나님의 영이 그에게서 떠났기 때문이라고 말합니다. 우리가 예수의 복음을 믿고 구원 받았으나 우리의 삶이 성령의 삶으로 변화되지 못하고 여전히 죄의 종으로 산다면 결코 하나님의 음성은 듣지 못할 것입니다. 말씀을 아무리 많이 듣고 이해한다 해도 하나님께 묻지 않는다면 말씀의 능력은 결코 나타나지 않을 것입니다.

하나님의 나라는 능력에 있습니다. 말씀의 능력, 성령의 역사가 없다면 하나님나라도 나타나지 않을 것입니다.

하나님께 나아가는 다윗의 모습을 그의 시편 고백에서 읽을 수 있습니다. 그는 시험 가운데에서도 먼저 하나님께 달려가는 것을 잊지 않았습니다.

> 내가 환난 중에서 여호와께 아뢰며 나의 하나님께 부르짖었더니

> 그가 그의 성전에서 내 소리를 들으심이여 그의 앞에서 나의 부
> 르짖음이 그의 귀에 들렸도다 (시 18:6)

예수님께서도 공생애 사역 틈틈이 홀로 아버지 앞에 무릎 꿇고 그분의 뜻을 구하는 것을 멈추지 않으셨습니다.

> 새벽 아직도 밝기 전에 예수께서 일어나 나가 한적한 곳으로 가
> 사 거기서 기도하시더니 (막 1:35)

> 예수께서 힘쓰고 애써 더욱 간절히 기도하시니 땀이 땅에 떨어지
> 는 핏방울 같이 되더라 (눅 22:44)

오늘도 믿음의 사람들은 여러 가지 시험을 만났을 때 하나님 앞에 엎드려 묻습니다.

'하나님, 어떻게 할까요?'

내 백성을 위로하라

다윗이 사울이 자기의 생명을 빼앗으려고 나온 것을 보았으므로

> 그가 십 광야 수풀에 있었더니 사울의 아들 요나단이 일어나 수풀에 들어가서 다윗에게 이르러 그에게 하나님을 힘 있게 의지하게 하였는데 곧 요나단이 그에게 이르기를 두려워하지 말라 내 아버지 사울의 손이 네게 미치지 못할 것이요 너는 이스라엘 왕이 되고 나는 네 다음이 될 것을 내 아버지 사울도 안다 하니라 두 사람이 여호와 앞에서 언약하고 다윗은 수풀에 머물고 요나단은 자기 집으로 돌아가니라 (삼상 23:15-18)

하나님의 사람들은 늘 하나님의 위로를 받으며 살아갑니다. 특별히 고난과 시험 중에 있는 자에게 주시는 하나님의 위로는 큰 격려와 힘이 됩니다. 하나님께서는 성경 말씀이나 성령의 감동을 통해서 직접 위로해 주시기도 하지만 때로는 사람을 통해서 위로하시기도 합니다.

다윗이 사울 왕에게 쫓겨서 힘든 삶을 살고 있을 때 하나님께서는 그에게 많은 위로자들을 붙여 주셨습니다. 그를 추종했던 아둘람 굴에서의 사백 명이나 그일라에서의 육백 명은 모든 고난까지도 함께 나눈 생명과도 같은 위로의 사람들이었습니다. 또 그에게 기름 부었던 선지자 사무엘이 든든한 영적 후원자로서 그에게 해준 한 마디 한 마디는 큰 위로가 되었을 것입니다.

이들 말고도 다윗에게는 참 특별했던 한 사람이 있었습니다.
요나단.

'하나님이 주셨다' 라는 뜻을 가진 자로 사울 왕의 맏아들이었으니 별 일이 없었다면 사울의 뒤를 이어 왕이 될 자였습니다. 다윗이 골리앗을 쓰러뜨린 후, 그 일로 인해 사울 왕이 다윗을 불러들인 자리에서 다윗과 요나단은 만났습니다. 그 자리에서 요나단은 다윗과 마음이 통해버렸습니다. 다윗을 향해 자기 생명 같이 사랑하는 마음이 들었습니다. 그래서 그와 언약을 맺었고, 언약의 표시로 다윗에게 겉옷과 군복, 칼, 활, 띠를 주었습니다.(삼상 18:1-4 참조)

요나단에게 왜 그런 마음이 들었는지 참으로 신기합니다. 보통 힘 있는 자들은 자기보다 힘 있어 보이는 사람을 경계하는 법입니다. 위로 올라갈수록 이런 경계심은 더 커진다고 합니다. 요나단은 이미 입증된 차기 왕이 될 자입니다. 그런 그에게 경계심이 아닌 사랑하는 마음이 들었으니 참으로 신기하시 않습니까?

다윗이 골리앗을 죽인 사건은 당시 이스라엘의 최대 뉴스였습니다. 이스라엘 여인들은 다윗을 칭송하여 '사울이 죽인 자는 천천이요 다윗은 만만이로다' 라고 노래까지 하였습니다. 이 일은 사울 왕의 마음을 매우 불편하게 만든 원인이 되었고, 사울이 평생 다윗을 죽이려고 쫓아다니는 결과를 초래하기도 했습니다.

친구를 쫓는 아버지와 아버지에게 쫓겨 다니는 친구 사이에서 요나단은 많이 갈등했을 것입니다. 그럼에도 불구하고 그는 죽을 때까지 다윗에게 변함없는 우정을 보여주었습니다.

사무엘상 23장의 말씀은 다윗이 사울을 피해 광야 숲 속에 숨어 있을 때입니다. 지칠 대로 지친 다윗에게 요나단이 찾아왔습니다. 그때 요나단은 다윗에게 하나님을 힘 있게 의지하라며 격려했습니다.

요나단은 다윗이 이스라엘의 차기 왕이 될 것을 알았습니다. 물론 이 사실은 사울도 알았습니다. 그러나 두 사람의 반응은 달랐습니다. 사울은 철저하게 하나님의 계획을 무너뜨리려고 하였지만 요나단은 끝까지 그분의 뜻을 인정하는 태도를 보여주었습니다. 하나님께서는 그런 요나단을 다윗의 위로자로 '보내주신' 것입니다.

하나님나라를 세우시기 위해 다윗을 혹독한 시험 가운데로 지나가게 할 필요도 있었지만 그것과 함께 위로하시는 것도 잊지 않으시는 자비의 하나님이심을 볼 수 있습니다.

바울은 그런 하나님을 고린도 교인들에게 보내는 서신에서 이렇게 말합니다.

> 찬송하리로다 그는 우리 주 예수 그리스도의 하나님이시요 자비의 아버지시오, 모든 위로의 하나님이시며 우리의 모든 환난 중에서 우리를 위로하사 우리로 하여금 하나님께 받는 위로로써 모든 환난 중에 있는 자들을 능히 위로하게 하시는 이시로다 그리스도의 고난이 우리에게 넘친 것 같이 우리가 받는 위로도 그리스도로 말미암아 넘치는도다 우리가 환난 당하는 것도 너희가 위로와 구원을 받게 하려는 것이요 우리가 위로를 받는 것도 너희가 위로를 받게 하려는 것이니 이 위로가 너희 속에 역사하여 우리가 받는 것 같은 고난을 너희도 견디게 하느니라 너희를 위한

> 우리의 소망이 견고함은 너희가 고난에 참여하는 자가 된 것 같이 위로에도 그러할 줄을 앎이라 형제들아 우리가 아시아에서 당한 환난을 너희가 모르기를 원하지 아니하노니 힘에 겹도록 심한 고난을 당하여 살 소망까지 끊어지고 우리는 우리 자신이 사형 선고를 받은 줄 알았으니 이는 우리로 자기를 의지하지 말고 오직 죽은 자를 다시 살리시는 하나님만 의지하게 하심이라
> (고후 1:3-9)

우리가 죄 가운데 있을 때 예수 그리스도를 이 땅에 보내셔서 십자가에서 피 흘려 죽게 하심으로 그 죄로부터 우리를 구원하신 것이야말로 하나님께서 죄인에게 베푸신 가장 큰 위로입니다. 하나님의 위로인 구원과 함께 십자가의 고난을 받은 우리는 이제 하나님께 받은 이 위로를 가지고 환난 중에 있는 자들을 위로해야 합니다. 자신을 의지하지 않고 오직 하나님만 의지하는 것이 믿음입니다. 바울은 고린도 교인들에게 이런 믿음에 동참할 것을 권면합니다.

하나님께서는 다윗에게 위로의 선물 요나단을 보내주셔서 힘이 되게 하셨습니다. 삶의 여정에서 요나단과 같은 위로자를 친구로 갖는다는 것은 하나님의 복입니다. 힘들고 어려운 일을 당할 때 우리를 위로해주는 사람은 많습니다. 그러나 어떤 위로는 힘이 되기보다 오히려 더 비참하고 쓸쓸하게 만듭니다. 위로하는 것 같은데 돌아서서 생각해보면 개운치 않습니다. 다윗은 시편에서 이와 비슷

한 상황을 다음과 같이 묘사했습니다.

> 그가 여호와께 의탁하니 구원하실 걸, 그를 기뻐하시니 건지실 걸 하나이다 (시 22:8)

세상 나라의 사람들은 항상 입을 비쭉이고 머리를 흔들며 이렇게 말하고 싶어 합니다. 하나님나라의 사람들은 이러한 사실을 알아야 합니다. 하나님이 주시는 위로만이 참된 위로입니다.

그렇다면 무엇이 참된 위로입니까?

믿는 자의 위로라고 해서 항상 참된 위로인 것도 아니고 믿지 않는 자의 위로라고 해서 항상 참된 위로가 아닌 것도 아닙니다. 요나단의 이야기에서 교훈을 얻는다면 하나님만을 힘 있게 의지하게 하는 위로가 참된 위로입니다. 이것이 많은 위로함 가운데 어떤 것이 참된 위로인지 분별하는 기준이 되어야 합니다.

천사로부터 예수님 잉태를 통보 받은 마리아가 친족이요 제사장 사가랴의 아내인 엘리사벳을 방문했습니다. 엘리사벳은 나이가 많도록 아이가 없다가 하나님의 은혜로 요한을 잉태한지 여섯 달이 지났을 때입니다. 그런데 놀랍게도 마리아의 방문에 엘리사벳의 복중에 있던 태아가 기쁨의 반응을 보입니다. 복중에 있던 여섯 달 밖에 안 된 요한이 어떻게 막 잉태된 예수님을 알아보았을까요? 하나님께서 요나단에게 주신 마음이 바로 이런 것이었다고 생각합니다.

　세례 요한은 자기 뒤에 오실 메시야를 위해 길을 여는 사람으로만 살다가 어이없어 보이는 죽음으로 이 세상의 삶을 끝마쳤습니다. 많은 사람들이 자신을 추종하였고 심지어는 메시야로까지 높이려고 하였지만 그는 조금도 흔들림 없이 뒤에 오실 진짜 메시야의 길을 예비하는 자신에게 주어진 역할에만 충실했습니다. 어떻게 보면 그가 이룬 업적은 아무 것도 없는 듯 보입니다. 그런 세례 요한을 일컬어 예수님께서는 다음과 같이 평가하십니다.

　　여자가 낳은 자 중에 세례 요한보다 큰 이가 일어남이 없도다
　　(마 11:11)

　예수님께서 놀라운 하나님의 구원 계획을 완성하는 일에 요한이 길을 열어 줌으로써 요한은 주님의 기쁨이 된 것입니다.

　하나님께서는 다윗의 하나님나라를 세우는 길목에서 요한에게 주신 것과 똑 같은 사명을 요나단에게도 부어주셨습니다. 요나단은 용맹스러운 장수였고 하나님의 뜻을 분별한 사람이었지만 길보아 전투에서 블레셋의 창칼에 쓰러지고 맙니다. 세례 요한의 죽음처럼 요나단의 죽음 역시 무의미해 보입니다. 하지만 하나님께서 그들에게 부여한 이 땅에서의 계획은 거기까지였고, 하나님의 뜻에 온전히 순종한 삶이었기 때문에 요나단 역시 하나님께서 기뻐하신 삶이

었다고 확신합니다.

하나님나라에는 위로자의 마음이 필요합니다.

> 애통하는 자는 복이 있나니 그들이 위로를 받을 것임이요
> (마 5:4)

제자들을 향한 예수님의 가르치심입니다. 죄인인 우리는 죄로 인해 죽을 수밖에 없지만 하나님께서는 그것을 애통하는 마음이 있는 자에게 십자가의 피로 구원해주심으로 위로해주셨습니다. 사실 그것이 우리가 하나님으로부터 받은 가장 큰 위로입니다. 그 큰 위로를 받은 우리는 이제 환난 중에 있는 믿음의 사람들을 위로하는 자가 되어 하나님나라를 사랑으로 더욱 풍성하게 해야 합니다. 더 나아가서 여전히 죄 가운데 있는 자들을 향해 마땅히 애통하는 자, 위로자가 되어 하나님나라의 복음을 전파해야 합니다.

> 너희의 하나님이 이르시되 너희는 위로하라 내 백성을 위로하라
> 너희는 예루살렘의 마음에 닿도록 말하며 그것에게 외치라
> 그 노역의 때가 끝났고 그 죄악이 사함을 받았느니라
> 그의 모든 죄로 말미암아 여호와의 손에서 벌을 배나 받았느니라
> 할지니라 하시니라
> 외치는 자의 소리여 이르되 너희는 광야에서 여호와의 길을 예비하라
> 사막에서 우리 하나님의 대로를 평탄하게 하라

> 골짜기마다 돋우어지며 산마다, 언덕마다 낮아지며
> 고르지 아니한 곳이 평탄하게 되며 험한 곳이 평지가 될 것이요
> 여호와의 영광이 나타나고 모든 육체가 그것을 함께 보리라
> 이는 여호와의 입이 말씀하셨느니라
> 말하는 자의 소리여 이르되 외치라
> 대답하되 내가 무엇이라 외치리이까 하니
> 이르되 모든 육체는 풀이요 그의 모든 아름다움은 들의 꽃과 같으니 풀은 마르고 꽃이 시듦은 여호와의 기운이 그 위에 붊이라
> 이 백성은 실로 풀이로다 풀은 마르고 꽃은 시드나
> 우리 하나님의 말씀은 영원히 서리라 하라 (사 40:1-8)

이사야는 이러한 위로와 소망을 담은 메시지를 매우 감동적인 표현으로 선포합니다.

요나단이 길보아 전투에서 전사하자 다윗은 여인의 사랑보다 더한 요나단의 사랑을 회상하며 그의 죽음을 애통했습니다. 다윗은 왕이 된 후에도 요나단과의 언약을 기억하며 요나단의 아들 므비보셋을 왕자처럼 여겨 왕의 상에서 먹게 하는 은총을 베풀었고(삼하 9장 참조), 기브온 사람들에게 사울 족속들을 대속물로 내줄 때에도 므비보셋은 제외시킴으로써(삼하 21:7 참조) 끝까지 요나단과의 약속을 지켰습니다.

'주님, 고난과 낙심 중에 있을 때 쏟아주신 위로와 격려에 감사드립니다! 받은 위로로 환난 중에 있는 자들을 위로하는 자로 살겠습니다!'

뱀 같이 지혜롭고 비둘기 같이 순결하라

> 보라 내가 너희를 보냄이 양을 이리 가운데로 보냄과 같도다 그러므로 너희는 뱀 같이 지혜롭고 비둘기 같이 순결하라 (마 10:16)

예수님께서는 열두 제자를 세상에 내보내시면서 사도의 권위를 주셨습니다. 이 권위를 가지고 천국복음을 전파하고 모든 병과 모든 약한 것을 고치라는 사명을 주신 것입니다. 더불어 이리 가운데 들어가는 양 같은 제자들에게 뱀 같이 지혜롭고 비둘기 같이 순결하라고 당부하셨습니다.

그런데 이때 예수님께서는 '지혜롭다(wise)'를 뜻하는 일반적인 헬라어 단어 'sophos'를 사용하시지 않고 'phronimos'를 사용하셨습니다. 이 단어는 '사려 깊은, 영리한, 주의 깊은, 신중한'의 뜻을 가지고 있으며 '억제하다'의 뜻을 가진 어원에서 나온 것이라고 합니다. 먹잇감을 기다리는 뱀의 신중함과 주의 깊은 모습을 말씀하신 것 같습니다. 이처럼 세상의 시험 앞에서 감정을 억제하고 그 시험을 통하여 우리에게 주시는 메시지를 발견할 수 있어야 할 것입니다. 더 나아가서 먹이를 낚아채는 뱀의 담대함도 보아야 합니다.

성경적인 삶을 사는 것은 강물을 거슬러 헤엄치는 것과 같습니다. 때문에 성경적인 삶을 살려고 하면 할수록 물의 저항은 더 커질 것입니다. 그러한 저항을 헤치고 나아가려면 용기가 필요합니다. 세상의 저항은 곧 시험이며 그것을 돌파해 나가기 위해서는 뱀 같이 지혜로운 태도, 즉 담대함과 용기가 절실히 필요합니다.

'순결하다(harmless)'는 것은 말 그대로 '악하고 더러운 것과 섞이지 않은, 죄가 없는, 순수한, 교활함이 없는' 등과 같은 뜻입니다. 세상의 악을 이기기 위해서 반드시 세상의 악을 경험해봐야 하는 것은 아닙니다. 사실 도덕으로 무장되어 있어서 겉으로는 잘 드러나지 않을지 몰라도 누구에게나 악한 본성이 있기 때문에 죄악을 향하여 끌립니다. 이러한 끌림이 우리를 시험에서 넘어지게 할 것입니다. 그러므로 믿지 않는 자와 멍에를 같이 하지 말라는 말씀처럼 어떤 이유에서든 죄와는 함께 해서는 안 됩니다.

> 네 길을 그에게서 멀리 하라 그의 집 문에도 가까이 가지 말라
> (잠 5:8)

악으로부터 스스로 분리되는 것에서 더 나아가 결코 다른 사람들을 정죄하지 말아야 합니다. 시험 앞에서 지혜롭고, 순결한 이 두 가지 태도는 하나님나라를 세워가는 믿음의 사람이라면 반드시 지켜야 하는 예수님의 명령입니다.

다윗은 고난의 삶을 통하여 영광의 왕국에 들어갔습니다. 시험 앞에 선 다윗은 때로는 뱀처럼 지혜롭게, 때로는 비둘기처럼 순결하게 반응했습니다. 어이없는 이유로 자신을 좇는 세상의 왕 사울에게 그는 한 번도 뱀처럼 대든 적이 없습니다. 자신을 추격하는 왕을 피해 그는 비둘기처럼 블레셋으로, 모압으로, 광야의 이름 없는 굴속으로 피했습니다. 왕을 죽일 기회가 몇 번 있었지만 우리의 비둘기는 결코 그를 죽일 수 없었습니다. 그의 사랑스런 아들이 자신에게 반역의 칼을 뽑았을 때조차도 한 번도 대항하지 않고 울며 맨발로 예루살렘을 떠났습니다. 반역자인 아들이 죽었을 때에도 오히려 아들을 향한 슬픔을 주체하지 못하고 한없이 울었습니다.

그러나 하나님의 이름을 멸시하는 하나님나라의 영원한 대적 블레셋의 장수 골리앗에게는 그분의 이름을 가지고 뱀처럼 지혜롭게 대들었습니다. 하나님의 명령이 떨어지면 주저하지 않고 적을 향하여 돌격했습니다. 하나님의 명예를 손상시키는 어떤 행위 앞에서도 그는 단호했습니다. 한편, 그일라 사람을 구원할 때나 시글락에서 아말렉을 추격할 때처럼 자신이 피해야 할지 대들어야 할지 분별이 되지 않을 때에는 먼저 하나님께 나아가 물었습니다. 어떤 경우에서든지 원수를 물리치시는 분은 결국 하나님이심을 누구보다도 잘 알았기 때문입니다. 시편 곳곳에서 때로는 절규에 가까운 다윗의 부르짖음을 들을 수 있습니다. 하나님을 향한 다윗의 부르짖음은 절대적 신뢰의 대상을 향한 하늘에 속한 자의 영혼의 소리입니다.

예수님께서도 세례 요한으로부터 세례 받으신 후 광야에서 사탄으로부터 시험을 받았습니다. 예수님은 하나님나라의 영원한 적 사탄의 시험을 뱀처럼 지혜롭게 말씀으로 물리치셨습니다. 위선적이고 탐욕적인 바리새인들이나 유대교 지도자들에게는 거친 말로 꾸짖으셨습니다. 꾸짖어 귀신들린 자들에게서 귀신을 쫓아내셨습니다. 그러나 자신을 배신한 유다는 오히려 불쌍히 여기셨고, 자신을 모욕하고 고문하는 병사들에게는 한마디도 변론하지 않으시고 십자가에서 비둘기처럼 순결한 모습으로 화목제물이 되셨습니다.

이 세상에서 그리스도인의 삶은 어쩌면 시험의 연속입니다.
바울은 다음과 같이 말합니다.

> 다만 이뿐 아니라 우리가 환난 중에도 즐거워하나니 이는 환난은
> 인내를, 인내는 연단을, 연단은 소망을 이루는 줄 앎이로다
> (롬 5:3-4)

그리스도인의 삶은 확실히 환난의 연속입니다. 환난은 우리를 하나님나라의 백성으로 빚어 가시는 하나님의 방법이며 우리가 살아가면서 만나게 되는 시험의 한 모습입니다. 때로는 질병이나 사고나 파산이나 자녀문제와 같은 특별한 상황의 모습으로 환난의 시험이 나타나기도 하지만, 매일 매일의 삶 속에서 우리의 정욕대로 살 것인지 성령의 요구에 따라 살 것인지 마음의 결정을 내려야 할 때 나타나기도 합니다. 시험이나 환난은 때로는 개인적일 수도 있고, 때로는 공동체적일 수도 있습니다.

미국의 부동산 거품이 빠지면서 2008년 말부터 시작된 금융위기는 세계적인 환난입니다. 이것을 통해서 하나님께서는 이 지구상에 뭔가 말씀하시기 원하십니다. 우리의 끝없는 탐욕에 대한 경고일 수도 있고, 지구적으로 거대화 되어가는 자본주의 시스템에 대한 경종일 수도 있습니다.

그것이 무엇이었든 우리는 이러한 시험이나 환난을 통해서 인내를 배웁니다. 인내란 하나님이 하실 일을 신뢰하며 기한을 정하지 않고 어려운 상황을 받아들이는 것입니다. 인내는 연약하기 짝

이 없는 우리를 연단시킴으로써 마침내 그리스도의 품성에 이르게 할 것입니다. 하나님나라는 이 시험을 통과하며 만들어가는 나라입니다. 그리고 그렇게 만들어가는 하나님나라가 바로 우리의 소망인 것입니다.

하나님께서는 다윗을 통해 시험을 통과하는 삶의 모델을 보여주셨고, 예수님의 이 땅에서의 삶을 통해 그러한 삶의 실체를 보여주셨습니다.

'오, 주님! 제게도 비둘기 같은 순결함과 뱀 같은 지혜로 시험을 이기게 해주소서!'

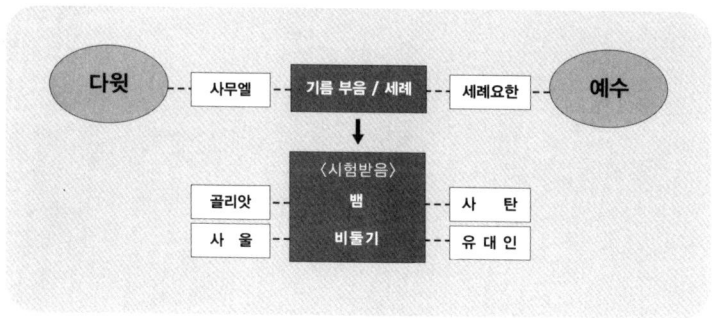

Chapter 03 | 왕의 승리

Victory of King

사울의 집과 다윗의 집 사이에 전쟁이 오래매 다윗은 점점 강하여 가고 사울의 집은 점점 약하여 가니라

삼하 3:1

03 왕의 승리

세상 나라의 왕과 하나님나라의 왕

> 사울의 집과 다윗의 집 사이에 전쟁이 오래매 다윗은 점점 강하여 가고 사울의 집은 점점 약하여 가니라 **삼하 3:1**

사울 왕이 죽었습니다.

다윗이 사무엘을 통해 하나님으로부터 이스라엘의 새 왕으로 기름 부음 받은 지 15년 정도의 긴 시간이 지났습니다. 거의 10년 동안은 사울 왕에게 쫓기며 광야를 헤매는 고난의 삶이었습니다. 유다 사람들은 헤브론에서 그런 다윗에게 기름을 부어 유다 족속의 왕으로 세웠습니다. 다윗왕국이 그 모습을 드러낸 것입니다.

그러나 아직 사울 왕의 권세가 완전히 사라진 것은 아니었습니다. 사울 진영의 군 실력자인 아브넬은 마하나임에서 사울의 아들 이스보셋을 길르앗과 아술과 이스르엘과 에브라임과 베냐민과 온 이스라엘의 왕으로 세웠습니다. 사울왕국은 여전히 다윗왕국에게 위협적인 존재였고, 다윗왕국이 완성되기 위해서는 없어져야 할 존재였습니다.

한 쪽이 흥하려면 다른 쪽은 반드시 망해야 합니다. 둘 다 왕성할 수는 없습니다. 이것이 하나님나라의 원리입니다. 야고보는 하나님을 의심하며 믿음이 없는 자를 일컬어 두 마음을 품고 사는 자라고 하면서 이런 자는 모든 일에 안정감이 없다고 말합니다.(약 1:8 참조)

두 마음은 곧 두 왕을 뜻합니다. 이런 상태에서는 결코 안정감 즉 평강이 없습니다. 평강이 없는 하나님나라는 불완전합니다. 그런 의미에서 헤브론에 세워진 다윗왕국은 아직 불완전하였고 미완성이었습니다.

다윗왕국이 세워졌을 때의 상황을 성경은 다음과 같이 기록합니다.

"다윗왕국은 점점 강하여지고 사울왕국은 점점 약하여져 갔다."

하나님나라 부흥은 절대로 저저 얻어지지 않습니다. 반드시 세상 나라와의 오랜 전쟁을 거쳐야 합니다. 어떤 의미에서 보면 사울 왕국의 쇠퇴는 그가 하나님으로부터 버림받았을 때 예정되었고, 그가 다윗을 추격할 때부터 시작되었다고 볼 수 있습니다. 다윗은 사울과 직접 맞서 싸우지는 않았지만 광야의 굴속에서, 이방 나라의 도피처에서 수많은 영적 전쟁을 치렀습니다. 그리고 마침내 자신과는 비교할 수 없는 세상권세를 가진 사울이 죽었습니다. 다윗은 힘들었던 과거를 회상하며 이렇게 노래합니다.

> 나의 힘이신 여호와여
> 내가 주를 사랑하나이다
> 여호와는 나의 반석이시오
> 나의 요새시오
> 나를 건지시는 이시오
> 나의 하나님이시오
> 내가 그 안에 피할 나의 바위시오
> 나의 방패시오
> 나의 구원의 뿔이시오
> 나의 산성이시로다 시 18:1-2

죽음의 공포와 세상의 불의 앞에서 그는 오직 하나님께만 부르짖었습니다. 자신을 미워하는 힘 센 원수의 손에서 건져주실 분은 오직 하나님뿐임을 믿었습니다. 예측하기 힘든 고난의 삶이었지만 하나님의 도를 지키며 규례와 율례에서 떠나지 않았습니다. 불의한 것을 멀리하고 손을 깨끗이 하였습니다. 그리고 또 자신의 원수요 하나님의 원수이기도 한 대적에 대해서는 이렇게 결단을 고백합니다.

> 내가 내 원수를 뒤쫓아가리니 그들이 망하기 전에는 돌아서지 아니하리이다 (시 18:37)

다윗은 사울 생전에 한 번도 그를 뒤쫓지 않았습니다. 그러나 하나님과 함께 하는 삶을 통해 그의 영혼은 늘 대적과 맞서는 치열한 전투를 치렀을 것입니다. 그래서 이것은 바로 다윗의 영혼의 고백인 것입니다.

카톨릭교의 수장이었던 김수환 추기경이 죽자 온 나라가 한참 동안 그를 추모하며 칭송했습니다. 정치적으로 암울했던 군부독재의 강압적인 통치 아래서 숨죽이며 살던 시절, 힘없는 많은 사람들에게 그는 당시 몇 안 되는 분출구 가운데 하나였습니다. 사람들이 그를 칭송하는 이유는 한 시대의 대변자 역할을 한 종교지도자로서의 족적도 있겠지만 대체로 밖으로 드러난 그분의 청빈한 삶과 이

웃에게 자신의 몸을 드린 선행을 높이 평가받기 때문인 것 같습니다. 세상은 이처럼 눈에 보이는 것에 관심을 갖습니다.

그런 관점에서 다윗을 본다면 그는 정말 별 볼 일 없는 존재일 수도 있습니다. 한 번도 제대로 맞서 싸우지도 못하고 사울을 피해 굴속에 쭈그리고 앉아 두려움에 떨고 있는 모습이나, 목숨을 지키기 위해 블레셋 왕 앞에서 어기적거리며 침을 질질 흘리는 미친 놈 행세를 본다면 결코 그를 왕은커녕 온전한 사람으로조차 여기기 힘들 것입니다. 그런데도 하나님께서는 그런 다윗을 헤브론에서 왕이 되기까지 대적의 수많은 위험에서 건져주셨고, 마침내는 존귀한 자로 세워주셨습니다.

왜 하나님께서 이렇게 하셨습니까? 하나님께서는 우리가 보지 못한 다윗의 마음을 보셨기 때문입니다. 하나님께서는 나단 선지자를 통해 다윗을 향한 자신의 마음을 전합니다.

> 내가 너를 목장 곧 양을 따르는 데에서 데려다가 내 백성 이스라엘의 주권자로 삼고 네가 가는 모든 곳에서 내가 너와 함께 있어 네 모든 원수를 네 앞에서 멸하였은즉 땅에서 위대한 자들의 이름 같이 네 이름을 위대하게 만들어 주리라 (삼하 7:8–9)

하나님은 우리의 중심을 보십니다. 다윗의 마음의 일부를 그 시절 그가 노래한 시편을 통하여 엿볼 수 있습니다. 가드의 블레셋 왕에게 도피했을 때입니다. 골리앗을 무너뜨렸던 용용은 흔적도 없이 이방의 왕 앞에서 초라하게 무너져버린 자신의 심경을 시편 56편에서 노래합니다. 자신을 모함하고 또 생명을 엿보는 원수들이 두려웠지만 하나님을 의지함으로 그 두려움을 이길 수 있었습니다. 궁극적으로는 하나님이 자신의 편이 될 것을 확신했습니다. 그래서 그는 하나님의 말씀을 찬송할 수 있었습니다. 그의 육신은 한 없이 무너져 내리고 있었지만 그의 영혼은 한 없이 주님께로 달려가고 있었던 것입니다.

믿음은 보이지 않는 것들의 증거입니다. 보이지 않는 것들을 보는 자가 진정한 믿음의 사람입니다. 다윗이 하나님나라의 왕으로 선택된 것은 그가 보이지 않는 하나님을 보았고 그분을 자신의 왕으로 높이며 살았기 때문일 것입니다.

사울의 왕국은 점점 쇠약해져갔습니다. 이스보셋의 왕좌는 그의 심복 아브넬의 탐욕 위에 세워진 것이었고, 사울왕국 내에서 그의 권세는 날로 커져갔습니다. 한 번은 아브넬이 아버지 사울의 첩 리스바를 취하는 악행을 저지르자 이스보셋이 이것을 문제 삼아 지적했습니다. 신하가 왕의 여인을 취하는 것은 왕권을 흔드는 반역과도 같기 때문입니다. 그런데 이러한 지적에 아브넬은 오히려 분개했고, 이것이 계기가 되어 그는 사울 왕국을 다윗에게 넘겨줄 결심을 한 것 같습니다. 그는 결국 다윗에게 투항하고 다윗의 환대를 받지만 다윗의 심복인 요압의 동생 아사헬을 죽인 사건으로 인해 요압에게 살해됩니다.

아브넬의 죽음이 사울 진영에게는 큰 충격이었습니다. 그 소식을 들은 이스보셋은 손의 맥이 풀렸습니다. 사울왕국을 지탱해 준 현실적인 힘이 빠져나갔기 때문입니다. 그것으로 사울왕국은 끝이 났습니다. 이후에 이스보셋은 레갑과 바아나라고 하는 자신의 두 군장에게 살해되는 것으로 비극적 결말을 맞이하지만 그 사건은 쓰러진 왕국의 뒤처리에 불과한 것이었습니다. 두 군장은 이스보셋의 머리를 헤브론의 다윗에게 바칩니다. 그들은 다윗의 환대를 기대했겠지만 사울의 죽음의 소식을 전했던 아말렉 청년에게 그랬던 것처럼 다윗은 그들의 수족을 베어 죽입니다. 다윗왕국은 세상의 방식으로 세워지는 나라가 아니었기 때문입니다.

헤브론에 이스라엘의 모든 장로들이 모여들었습니다. 그들은 일찍이 하나님께서 다윗을 이스라엘의 목자요 주권자로 세우셨음을 알았고 이제 때가 찼음을 감지했습니다. 다윗 왕은 하나님 앞에서 그들과 언약을 체결하였고, 그들은 다윗에게 기름을 부어 온 이스라엘의 왕으로 삼았습니다. 헤브론에서 유다족속의 왕이 된지 칠 여년 만에 다윗이 이스라엘의 왕이 된 것입니다.

이제 다윗 왕을 가로막을 수 있는 힘은 세상에 어디에도 없어 보였습니다. 예루살렘에 살고 있는 여부스 사람을 치고 그곳으로 올라갔습니다. 블레셋을 쳐서 항복을 받았습니다. 모압은 다윗 왕의 종이 되었고, 소바와 아람을 물리쳤으며, 하맛 왕의 항복도 받았습니다. 암몬도, 아말렉도, 에돔도 더 이상 다윗 왕의 적수가 되지 못했습니다.

> 다윗이 어디로 가든지 여호와께서 이기게 하셨더라 (삼하 8:14)

날이 갈수록 다윗의 하나님나라 왕국은 권세와 명예와 부가 더해갔습니다.

이때의 상황을 성경은 이렇게 전합니다.

> 만군의 히니님 여호와께서 함께 계시니 다윗이 점점 강성하여 가니라 (삼하 5:10)

우리가 살고 있는 이 시대는 분명 다윗의 시대와는 다릅니다. 다윗의 시대에는 창과 칼로 대적과 이방을 무너뜨려서 부흥을 얻었지만, 이 시대의 하나님나라의 부흥은 그렇지 않습니다. 예수님께서 부활하신 후 초대교회 시절 사도들이 성령에 의지하여 복음을 전파하자 하나님나라의 공동체에 놀라운 부흥이 일어났습니다. 이때의 상황에 대해 누가는 다음과 같이 기록합니다.

> 그들이 사도의 가르침을 받아 서로 교제하고 떡을 떼며 오로지 기도하기를 힘쓰니라 사람마다 두려워하는데 사도들로 말미암아 기사와 표적이 많이 나타나니 믿는 사람이 다 함께 있어 모든 물건을 서로 통용하고 또 재산과 소유를 팔아 각 사람의 필요를 따라 나눠 주며 날마다 마음을 같이하여 성전에 모이기를 힘쓰고 집에서 떡을 떼며 기쁨과 순전한 마음으로 음식을 먹고 하나님을 찬미하며 또 온 백성에게 칭송을 받으니 주께서 구원 받는 사람을 날마다 더하게 하시니라 (행 2:42-47)

그들은 칼과 창을 들고 대적을 무너뜨리는 대신 사도의 가르침을 받았습니다. 믿는 자들이 함께 하기를 즐거워했습니다. 열심히 기도했습니다. 그러자 그들의 삶에 변화가 일어났습니다. 물질과 삶을 공유했습니다. 삶에서 기쁨이 넘쳤고 깨끗한 마음을 갖게 되었습니다. 입술에서는 하나님의 찬양이 끊이지 않았습니다. 세상 사람들도 그들을 칭찬했습니다. 그러자 날마다 믿는 자의 수가 늘어났습니다.

그렇다고 이러한 결과가 그들의 공로라고는 생각하지 마십시오. 이 일은 '주께서' 하신 것입니다. 이것이 다윗의 하나님나라의 부흥과는 다른 은혜의 시대를 사는 이 시대의 부흥입니다.

베드로의 복음 전파에 3,000명이나 되는 많은 사람들이 세례를 받고 믿는 자가 되었습니다. 예수님이 부활하시기 전 우리가 알았던 베드로의 모습이 아닙니다. 이 능력이 어디에서 왔습니까? 바로 부활의 능력입니다. 예수님은 부활하시면서 보혜사 성령을 보내주시겠다고 약속하셨고, 베드로를 포함한 사도들과 초대교회 성도들에게 약속하신 성령이 임한 것입니다.

기름 부음 받은 다윗에게 하나님의 영이 임하여 함께 하였듯이 예수님의 십자가의 죽음과 함께 부활을 믿는 우리들에게도 성령님이 함께합니다. 성령의 삶, 이것이 바로 능력입니다. 돈도 지식도 열심도 아닌 바로 이 부활의 능력이 이 시대 하나님나라의 부흥의 원천입니다. 어떤 부흥도 '주께서' 하신 일이 아니라 '내'가 한 일이라면 아마도 그것은 하나님나라와는 아무런 관계가 없을지도 모릅니다.

'오, 하나님, 우리로 이 시대 부흥의 씨앗들이 되게 하소서!'

나의 왕은 누구인가

나단이 자기 집으로 돌아가니라 우리아의 아내가 다윗에게 낳은 아이를 여호와께서 치시매 심히 앓는지라 다윗이 그 아이를 위하여 하나님께 간구하되 다윗이 금식하고 안에 들어가서 밤새도록 땅에 엎드렸으니 그 집의 늙은 자들이 그 곁에 서서 다윗을 땅에서 일으키려 하되 왕이 듣지 아니하고 그들과 더불어 먹지도 아니하더라 이레 만에 그 아이가 죽으니라 그러나 다윗의 신하들이 아이가 죽은 것을 왕에게 아뢰기를 두려워하니 이는 그들이 말하기를 아이가 살았을 때에 우리가 그에게 말하여도 왕이 그 말을 듣지 아니하셨나니 어떻게 그 아이가 죽은 것을 그에게 아뢸 수 있으랴 왕이 상심하시리로다 함이라 다윗이 그의 신하들이 서로 수군거리는 것을 보고 그 아이가 죽은 줄을 다윗이 깨닫고 그의 신하들에게 묻되 아이가 죽었느냐 하니 대답하되 죽었나이다 하는지라 다윗이 땅에서 일어나 몸을 씻고 기름을 바르고 의복을 갈아입고 여호와의 전에 들어가서 경배하고 왕궁으로 돌아와 명령하여 음식을 그 앞에 차리게 하고 먹은지라 그의 신하들이 그에게 이르되 아이가 살았을 때에는 그를 위하여 금식하고 우시더니 죽은 후에는 일어나서 잡수시니 이 일이 어찌 됨이니이까 하니 이르되 아이가 살았을 때에 내가 금식하고 운 것은 혹시 여호와께서 나를 불쌍히 여기사 아이를 살려 주실는지 누가 알까 생각함이거니와 지금은 죽었으니 내가 어찌 금식하랴 내가 다시 돌아오게 할 수 있느냐 나는 그에게로 가려니와 그는 내게로 돌아오지 아니하리라 하니라 (삼하 12:15-23)

인격, 인품 또는 성품을 보고 우리는 한 사람을 평가합니다. 성품은 품성이라고도 하는데 결국 혼의 영역인 마음속에 있는 생각과 의지와 감정이 어떻게 밖으로 나타나느냐 하는 것입니다. 데살로니가전서 5장 23절에서 바울은 사람을 영과 혼과 육을 가진 삼중 구조로 말합니다. 밖으로 나타나는 것은 말과 태도와 행동이지만, 그것들을 조정하는 것은 결국 마음의 작용이고, 마음은 영이나 육으로부터 영향을 받게 되어 있습니다. 영이 강해지면 상대적으로 육은 약화 되고, 육이 강해지면 영은 쇠약해지는 것이 하나님의 창조의 원리입니다.

물질적 성공을 추구하는 사람의 마음속에는 늘 돈에 대한 생각으로 가득합니다. 그래서 돈과 관련 있는 것에 먼저 관심을 보이고 그쪽으로 달려갑니다. 육체적 쾌락을 추구하는 사람은 그쪽의 감정을 절제하지 못하고 그대로 표출하기 때문에 충동적입니다. 그러나 영적인 사람은 생각과 뜻이 늘 하나님 말씀 안에 있기 때문에 말과 태도와 행동이 항상 겸손하고 정결합니다. 그들에게는 육신의 감각적 충동보다는 참된 기쁨과 애통함이 있습니다. 우리가 닮아가고자 하는 그리스도의 품성이 바로 이것입니다.

바울은 다음과 같이 말합니다.

> 육신을 따르는 자는 육신의 일을, 영을 따르는 자는 영의 일을 생각하나니 (롬 8:5)

영이 강해지면 육신은 영의 다스림에 순종하게 되고 더불어 건강해져서 영과 혼과 육이 흠 없이 보전될 수 있게 될 것입니다. 아래의 그림은 영과 혼과 육의 삼중 구조를 이해하기 쉽게 설명한 것입니다.

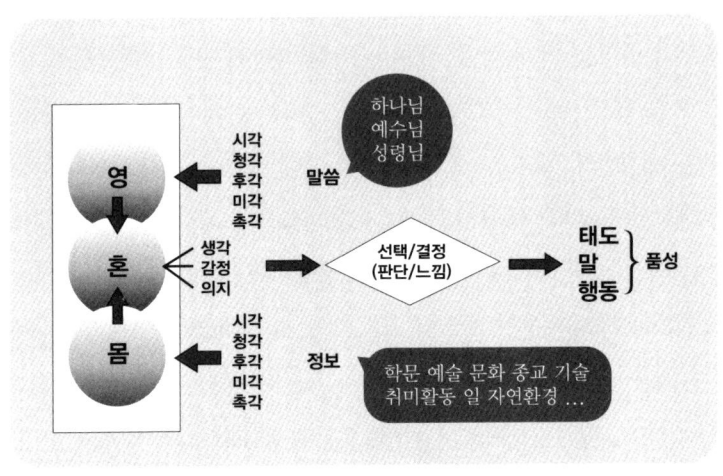

말과 행동과 태도로 나타나는 품성은 우리의 혼에 해당하는 마음에서 일어나는 결정 또는 선택의 결과이기 때문에 결국 마음의 상태가 어떠한가, 즉 무엇에 관심이 있느냐가 중요합니다.

'영적'이라는 단어는 '종교적'이라는 단어와 구분되어야 합니다. 영적이지 않으면서 충분히 종교적일 수 있기 때문입니다. 하나님나라는 속성상 세상 나라와 충돌할 수밖에 없습니다. 그것을 우리는 영적 전투라고 합니다. 교회가 세상에서 능력을 잃어버리고 오히려 조롱당하는 것은 영적인 지도자, 영적인 신자가 아니라 지극히 세속적인 종교적인 지도자, 종교적인 신자들이 많기 때문입니다. 우리 안에 있는 세속주의를 예수 그리스도의 피로 씻어내지 않는다면 결코 십자가의 능력은 나타나지 않을 것입니다.

다윗은 치명적인 죄를 범했습니다. 자신의 지위를 이용하여 밧세바를 범하고 그의 남편까지 교활한 방법으로 죽게 한 것입니다. 하나님께서는 다윗을 참 좋아했습니다. 그렇지만 다윗의 이런 파렴치한 죄까지 좋아하실리는 만무합니다. 하나님은 죄와 함께 하시는 분이 아니기 때문입니다. 그래서 다윗이 금식하며 울며 회개하였음에도 불구하고 선지자 나단을 통해 경고하신대로 밧세바와의 사이에 낳은 아이를 데려가셨습니다.

죄를 짓는 부분까지는 다윗도 우리와 별로 다르지 않습니다. 그러나 사무엘하 12장 말씀을 읽어보면 다윗의 모습은 확실히 우리와 다릅니다. 아이가 죽자 마치 일이 해결된 것처럼 손을 털고 일어섭니다. 이러한 모습은 보통 사람과는 확연히 다른 다윗의 면모입니다.

이러한 다윗을 통하여 그의 관심이 무엇에 있었는가를 알 수 있습니다. 그의 삶의 중심은 아이가 아니었습니다. 아이를 사랑했지만 그가 가장 중요하게 여긴 분은 하나님이며 그래서 그분의 통치에 조금도 토를 달지 않습니다.

하나님의 하신 일에 대해서는 한없이 겸손한 태도!

그래서 하나님께서는 다윗을 '내 마음에 맞는 사람' (행 13:22)이라고 하신 것입니다.

다윗의 마음의 중심이 오직 하나님이라는 사실은 나단을 대하는 그의 태도에서도 알 수 있습니다. 선지자 나단이 밧세바를 범하고 우리아를 죽게 한 다윗의 죄를 지적하고 그 죄로 인해 다윗에게 저주를 내릴 때 다윗은 곧바로 인정하고 하나님 앞에 무릎을 꿇었습니다. 사람은 자신의 잘못이나 실수를 인정한다 할지라도 누군가 그것을 지적하면 싫어합니다. 더군다나 다윗은 절대 권력을 가진 왕이었습니다. 어쩌면 자신이 가장 감추고 싶은 부분을 나단이 지적한 것이니 다윗 역시 정말 듣기 싫었을 것입니다. 왕의 권위로 더 이상 그런 말을 못하게 막을 수도 있었습니다.

"나단, 당신이 말하지 않아도 나도 잘 알고 있소. 더 이상 생각하기도 싫으니 다시는 그 이야기는 꺼내지도 마시오."

그러나 다윗은 그렇게 말하지 않았습니다. 어떠한 변명도 없이, 자신의 체통 따위는 아랑곳하지 않고 곧바로 하나님 앞에 무릎을 꿇었습니다. 그 모습에서 우리는 하나님을 경외하는 자의 모습을 볼 수 있습니다. 듣기 좋은가 싫은가 하는 것이 선택의 기준이 아니라 하나님의 뜻을 분별하는 것으로 언행을 결정하는 삶의 모습!

그 때의 심정을 다윗은 다음과 같이 노래했습니다.

"… 나의 죄악을 말갛게 씻으시며

나의 죄를 깨끗이 제하소서

무릇 나는 내 죄과를 아오니

내 죄가 항상 내 앞에 있나이다

내가 주께만 범죄하여 주의 목전에 악을 행하였사오니

주께서 말씀하실 때에 의로우시다 하고

주께서 심판하실 때에 순전하시다 하리이다

… 주의 얼굴을 내 죄에서 돌이키시고

내 모든 죄악을 지워 주소서

하나님이여 내 속에 정한 마음을 창조하시고

내 안에 정직한 영을 새롭게 하소서

나를 주 앞에서 쫓아내지 마시며

주의 성령을 내게서 거두지 마소서

… 하나님이여 나의 구원의 하나님이여

피 흘린 죄에서 나를 건지소서

내 혀가 주의 의를 높이 노래하리이다

주여 내 입술을 열어 주소서

내 입이 주를 찬송하여 전파하리이다

… 하나님께서 구하시는 제사는 상한 심령이라

하나님이여 상하고 통회하는 마음을 주께서 멸시하지 아니하시리이다 …" 시편 51편

날마다 어떻게 하나님 앞에 나아가야 하는지를 잘 보여주는 노래입니다. 다윗은 먼저 자신의 죄가 하나님 앞에 지은 죄임을 고백합니다. 그 죄는 오직 주님의 은혜로만 용서될 수 있음을 그는 잘 알았습니다. 구원은 또한 중심이 진실해야 하며, 영혼이 정직하고 정결해야 함을 노래하고 있습니다. 육신의 삶이 아니라 성령의 삶이 필요한 것입니다.

구원의 감격이 있는 자는 입술을 열어 주님을 찬송하며 가르치며 전파하게 되어 있습니다. 그것이 세상에 미치는 진정한 영향력입니다. 그리고 마침내는 상한 심령을 가지고 참 예배자로 서는 것입니다.

죄의 고백에서 예배의 자리로 나아가는 다윗의 과정을 통해 볼 수 있는 그는 자신이 어떻게 해야 하나님을 기쁘시게 해드릴 수 있는지를 정확히 알고 있었습니다. 그래서 나단이 자신의 죄를 지적했을 때 곧바로 하나님 앞에 털썩 주저앉은 것입니다.

신앙은 하나님과의 관계입니다. 예배에 빠지지 않고, 봉사와 구제에 적극 참여한다고 해서 믿음이 좋다고 판단할 수는 없습니다. 그런 식으로 말한다면 이사야와 예레미야 시대의 이스라엘 백성들이나 예수님 시대의 바리새인들은 지금의 우리와는 비교할 수 없을 만큼 믿음이 좋은 사람들이었습니다. 예수님 시대의 바리새인들은 일주일에 두 번 씩 금식을 하고 박하와 회향과 근채의 십일조를 드렸습니다. 그들은 삶 속에서도 토색, 불의, 간음 등을 행하지 않았고 옳지 않은 이득은 취하지도 않았습니다.

그런데도 하나님께서는 예레미야를 통해 이스라엘의 두 가지 죄를 분명하게 지적하십니다. 그 하나는 생수의 근원되는 하나님을 버린 것이요 또 하나는 물을 가두지 못할 터진 웅덩이를 스스로 판 것이라고 했습니다. 하나님께서는 자신을 생수의 근원으로 표현하셨는데 영적으로 피폐해진 심령에는 생수가 필요하며, 예수님만이 영원히 목마르지 않을 참 생수가 될 것입니다. 터진 웅덩이는 하나님을 경외함이 없는 우리의 마음을 말합니다.(렘 2:13, 19 참조)

예수님께서도 겉으로는 아름다우나 속은 죽은 사람의 뼈와 모든 더러운 것으로 가득한 바리새인들을 향하여 회칠한 무덤 같다고 질책하셨습니다.(마 23:27 참조) 당시의 종교지도자들과 바리새인들 편에서 보면 이 얼마나 기가 막힌 일입니까? 스스로 하나님의 선택된 백성이라 여기고 하나님을 잘 믿는다는 사실에 조금도 의심이 없었는데 느닷없이 어떤 자가 나타나서 질타하는 겁니다.

"화 있을진저, 독사의 새끼들아!"

믿음이 좋다는 것은 하나님과의 관계가 좋다는 것입니다. 관계가 좋다는 것이 무엇입니까? 우리에게 일어나는 모든 일—그것이 우리가 원했던 일이든 그렇지 않은 일이든—은 하나님의 계획과 통치 안에서 일어나는 것이며, 하나님이 행하시는 일은 무엇이나 선하다고 여기는 것, 그래서 그분의 다스림에 전적으로 나를 맡기는 것입니다.

다윗은 사랑하는 자식이 죽자 금식과 애곡을 멈추고 평안을 되찾았습니다. 자식을 살려달라고 금식하며 애곡하며 하나님께 매달리던 모습은 다윗이나 우리나 똑같습니다. 그러나 그렇게도 간청했던 자식의 생명을 하나님께서 가져가셨을 때 보여준 다윗의 반응은 빛이 납니다. 우리도 다윗과 같이 반응할 수 있기를 바랍니다.

스스로에게 묻고 싶습니다. 자녀들이 대학에 떨어지거나, 사랑하는 가족이 불치병에 걸려 뜻하지 않게 우리 곁을 떠나거나, 갑작스런 실직이나 사업의 실패로 삶의 터전을 잃어버렸을 때에 다윗처럼 반응할 수 있습니까? 그럴 때 우리 안에 기쁨과 평안 대신에 하나님을 향한 쓴 마음과 좌절감이 자리를 잡는다면 우리의 믿음에도 빨간불이 켜져 있다는 증거일 것입니다. 하나님이 우리의 왕이시고 그분의 다스림 아래 우리가 온전히 들어가 있다면 그분이 하시는 일은 무엇이나 선하며 그분의 하실 일도 언제나 선할 것임을 신뢰해야 하기 때문입니다.

하나님은 우리가 왕으로 살기를 원하십니다. 그런데 왕 같은 삶을 살기 위해서는 먼저 우리가 하나님을 왕으로 인정해야 합니다. 다윗은 세상의 왕이자 하나님께서 인정해 준 하나님나라의 왕이 되었지만 하나님을 자신의 나라의 절대불변의 왕으로 인정하며 살았기 때문에 그분 앞에서는 한없이 낮아질 수밖에 없었고, 하나님께서는 그런 그를 기뻐하셨습니다.

다윗이 비록 하나님께서 세운 왕이 되었지만 그 또한 여전히 불완전한 왕일뿐입니다. 약 500년 후 다윗왕국은 그 불완전성으로 인해 결국 사라졌습니다.

그리고 마침내 하나님께서는 불완전한 이 세상 나라에 예수님을 보내셨습니다. 예수님께서는 이 땅에 오셔서 '아버지의 뜻대로 하는 자라야 천국에 들어가게 될 것'이라고 말씀하셨고, 십자가를 지시는 일 앞에서도 '아버지의 원대로 하옵소서'라고 기도하셨습니다. 그분은 한 번도 하늘 아버지의 뜻을 거스른 적이 없었습니다.

예수님이야말로 진정한 평화의 왕이십니다. 예수님이 이 땅에 오신 것은 믿는 자들에게 복이요 능력이요 소망입니다.

'나의 왕은 누구 입니까?'

왕의 실패

1) 내 방법

> 그들이 나곤의 타작 마당에 이르러서는 소들이 뛰므로 웃사가 손을 들어 하나님의 궤를 붙들었더니 여호와 하나님이 웃사가 잘못함으로 말미암아 진노하사 그를 그 곳에서 치시니 그가 거기 하나님의 궤 곁에서 죽으니라 여호와께서 웃사를 치시므로 다윗이 분하여 그 곳을 베레스웃사라 부르니 그 이름이 오늘까지 이르니라 (삼하 6:6-8)

하나님께서 시내 산에서 이스라엘 백성에게 성막의 모형을 보여주시고 만들게 하셨을 때 성막의 가장 중심부인 지성소에 언약궤(법궤, 여호와의 궤)를 두게 하셨습니다. 그들이 광야를 지나 가나안 땅에 들어올 때까지 성막이 이동하면 언약궤도 함께 움직였습니다.

가나안 정착 후 이스라엘 백성은 영적으로 침체에 빠져들게 되었고 마침내는 '사람들이 자기의 소견에 옳은 대로 행하는'(삿 17:6; 21:25) 시대가 되었습니다.

사사시대 말기 실로에서 엘리가 제사장으로 있을 때에는 제사장들의 영적 침체와 도덕적 타락이 극에 달했습니다. 엘리의 두 아들은 행실이 좋지 않았습니다. 제사장이면서도 하나님을 알지 못하는 자들이었기에 성물에 손을 대고 성적으로도 문란한 행위를 일삼았습니다. 성경은 그들이 "여호와의 제사를 멸시"(삼상 2:17)한 것이 큰 죄였다고 기록합니다.

영적 암흑기를 맞은 이 시대를 성경은 이렇게 말합니다.

> 여호와의 말씀이 희귀하여 이상이 흔히 보이지 않았더라
> (삼상 3:1)

하나님께서는 더 이상 이런 패역한 제사장 가문을 그대로 둘 수 없었습니다. 하나님은 자신을 존중히 여기는 자를 존중히 여기고 자신을 멸시하는 자를 경멸하시는 분이시기 때문입니다.(삼상 2:30 참조)

그때에 에벤에셀과 아벡에서 이스라엘과 블레셋 사이의 전쟁이 벌어졌습니다. 블레셋의 강공에 이스라엘은 점점 속수무책이 되어 갔고 이스라엘의 전사자가 늘어갔습니다. 다급해진 이스라엘 장로들은 실로로 사람을 보내 언약궤를 가져오게 합니다. 전쟁은 하나님 손에 있고 하나님이 함께 하시지 않으면 결코 전쟁에서 승리할 수 없음을 잘 알았기 때문입니다.

이번에는 언약궤를 앞세우고 다시 전투를 벌였습니다. 승리는 의심의 여지가 없었습니다. 그런데 어떻게 된 일입니까? 적은 더 용감해졌고, 이스라엘에게는 어떤 능력도 나타나지 않았습니다. 그들

은 마침내 패배했고, 언약궤까지 빼앗기는 수모를 당했습니다.

그 전쟁에서 언약궤를 메고 온 엘리의 두 아들 홉니와 비느하스도 죽임을 당했습니다. 두 아들의 전사와 언약궤를 탈취 당한 소식을 들은 엘리 제사장은 뒤로 넘어져 목이 부러져서 죽었습니다. 40년 동안 사사요 제사장으로서 이스라엘의 영적 지도자였던 엘리의 마지막 모습에 대해 성경은 다음과 같이 기록합니다.

> 엘리의 나이가 구십팔 세라 그의 눈이 어두워서 보지 못하더라…
> 자기 의자에서 뒤로 넘어져 문 곁에서 목이 부러져 죽었으니 나이가 많고 비대한 까닭이라 (삼상 4:15, 18)

하나님의 이름은 능력이 있습니다. 하나님나라는 능력입니다. 하나님이 떠난 언약궤가 아무런 능력도 없는 상자에 불과하듯이 하나님과는 관계가 없는 세속적이고 사람 중심적인 교회는 하늘의 능력을 경험할 수 없는 종교단체에 불과할 것입니다. 하나님의 능력이 떠난 언약궤가 이방인들의 조롱거리가 되었듯이 능력을 상실한 교회는 세상의 놀림감이 될 것입니다.

하나님이 떠난 교회에는 탐욕적이고 이기적인 지도자와 여전히 세속적이고 자기 목적에 충실한 신자들만 남을 것입니다. 이것은 2,000년 교회 역사로 증명된 사실이고, 지금도 우리는 이런 시험 앞에 있습니다. 나이 많아 눈이 어둡고 비대한 엘리가 있고, 하나님

자체에는 관심도 없이 자기 목적과 욕망에만 충실한 홉니와 비느하스가 있습니다. 하나님 자체에는 관심도 없이 여전히 언약궤의 능력만 믿고 나가다 실패하는 영적으로 어두운 이스라엘 백성들이 있습니다.

블레셋에 빼앗긴 언약궤가 이스라엘 앞에서는 꿈쩍도 하지 않더니 이스라엘의 손을 떠나자 능력이 나타나기 시작했습니다. 그러나 그 능력은 복이 아니라 재앙이었습니다. 하나님의 사람들에게는 승리요 생명이지만 이방인들에게는 패배요 독종이요 사망입니다.

에벤에셀에서 블레셋 땅 아스돗으로 옮겨간 언약궤는 이방인들에게는 도무지 감당이 되지 않아서 어쩔 수 없이 가드, 에그론, 벧세메스를 거쳐 마침내 유다 땅 기럇여아림에 있는 아비나답의 집으로 옮겨져 그곳에서 한동안 머물게 됩니다.

예루살렘에서 이스라엘의 왕이 된 다윗은 하나님의 임재의 상징인 언약궤를 가까이 두고 싶었습니다. 왕은 누구보다도 '하나님과 함께 함'의 필요성을 잘 알았고, 사울 왕 시절에 궤 앞에 묻지 않은 것이 큰 잘못이라는 것도 잘 알고 있었습니다.(대상 13:3 참조) 이 부분을 영어성경(MSG)은 다음과 같이 번역합니다.

"the Chest that was out of sight, out of mind during the

days of Saul"(사울 왕 시절에 시야에서도, 마음에서도 멀어진 언약궤)

참 재미있는 표현 아닙니까? 마음에 없으면 보고 싶지도 않지만 마음에 있으면 늘 가까이 하고 싶습니다. 다윗 왕은 그에게 기름을 부으신 자도 하나님이시며, 사울에게 쫓겨 다닐 때 그를 보호하신 분도 하나님이시고, 이스라엘의 왕으로 세우신 것도 모두 하나님이 함께 하신 결과임을 확신했습니다. 하나님은 그에게 절대적인 왕이셨고 자신은 그분의 종이라는 사실, 종은 마땅히 왕의 면전에 있어야 한다는 사실을 잘 알았습니다. 그래서 그는 하나님과 함께 있기 원했고 마음뿐만이 아니라 눈에 보이는 곳에 모셔두고 싶었던 것입니다.

'Out of sight, Out of mind!'

왕은 신하들에게 명령합니다.

"최고의 수레를 만들어 언약궤를 옮겨 오시오."

수십 년 동안 기럇여아림에 머물러 있던 언약궤가 드디어 새 수레에 실렸습니다. 찬양대는 수금과 비파와 소고와 제금과 나팔을 연주하며 힘껏 노래합니다. 왕은 너무 기뻐서 덩실덩실 춤을 춥니다. 이 성스러운 행사는 모든 것이 순조로워 보였습니다. 수레가 기돈의 타작마당에 이르렀을 때였습니다. 소들이 갑자기 뛰자 수레가 흔들렸고, 궤가 수레에서 떨어질 것만 같았습니다. 수레 책임자 중한 사람인 웃사가 언약궤를 붙잡았고, 그 순간 그가 바르르 떨며 쓰러져 죽었습니다.

왕은 깜짝 놀랐습니다. 오랫동안 변방에 내팽개치다시피 한 언약궤를 정성을 다해 왕의 도성으로 옮겨가고 있는 중에 이런 일이 일어났으니 도무지 이해가 되지 않았습니다. 왕은 불같이 화를 내고 모든 행사를 중지시켰습니다. 언약궤는 할 수 없이 근처에 있는 가드 사람 오벧에돔의 집에 내려놓고 모두 철수했습니다. 왕은 궤를 옮겨 오는데 실패했습니다.

왕은 무엇 때문에 실패했는지 곰곰이 생각했습니다. 석 달이 다 되어서야 그는 자신이 하나님께 묻지 않은 실수를 저질렀음을 깨닫게 됩니다. 역대상 15장 13절에서 왕은 '규례대로 하나님께 구하지 않았기' 때문이라고 말합니다. 사울 시절에 궤 앞에 묻지 않았던 것이 잘못임을 너무나 잘 알고 있는 왕이 똑 같은 실수를 반복한 것입니다.

이번에는 '규례대로' 준비했습니다. 수레 대신 레위인들을 불러 궤를 메도록 하고 찬양을 하게 했습니다. 마침내 모든 행사가 순조롭게 진행되었습니다. 자신은 행렬 앞에서 알몸이 드러난 것도 모르고 함께 춤을 추며 기쁨을 노래했습니다. 드디어 언약궤가 왕의 도성 예루살렘에 도착했습니다. 멋지게 성공한 것입니다. 왕은 너무 기뻤습니다. 왕은 궤 앞에서 백성들과 함께 먹고 마시며 그들을 축복하고 하나님께 경배 드렸습니다.

우리들도 늘 다윗과 같은 실수를 범합니다. 때로는 실수인지도 모르고, 때로는 실수라는 사실조차 부정합니다. 성과를 중요하게 여기는 사회에서 과정은 언제나 이차적인 문제가 됩니다.

작은 도시나 시골 지역을 지나다보면 가끔 이런 현수막을 보게 됩니다.

'00씨 아들 00군 고시(대학) 합격 축하!'

보통 사람들은 엄두도 못 낼 힘든 관문을 통과했으니 얼마나 대견하고 자랑스럽겠습니까? 그러나 이런 것이 과연 성공인지 한 번 생각해 볼 일입니다. 그 사람이 이웃과 사회에 얼마나 기여했는가, 얼마나 정직하게 살았는가보다 무엇이 '되었는가'에 더 큰 관심을 쏟습니다. 힘든 시험을 통과한 사람이 나중에 자신의 이익을 위해 남을 속이고 사회에 손실을 끼치며 산다면 그것은 정말 아무 것도 아닌 것입니다. 지나친 성과주의는 지나친 경쟁을 부추기고 지나친 경쟁은 반드시 낙오자를 만듭니다. 과정을 중요하게 여기는 사회가 건강한 사회입니다. 이제는 그런 천박한 현수막 대신 다음과 같은 글귀가 적힌 현수막을 보았으면 합니다.

'00씨와 같은 정직한 분이 우리 이웃인 것이 자랑스럽습니다!'

다윗은 하나님의 방법이 아닌 자신의 방법으로 하는 실수를 범했습니다. 그런데 교회 안에도 이런 일들이 종종 일어납니다. 성경적 원리보다 자신의 경험을 더 신뢰합니다. 심지어는 자신의 꾀로 한 것을 하나님의 방법이라고 주장하기도 합니다. 하나님께 묻는 것이 아니라 세상의 전문가에게 먼저 달려갑니다. 세상의 시스템을 교회 안으로 들여오는데 주저하지 않습니다. 교회 성장을 위해 마케팅 이론이 동원되고, 심리학을 적용하며, 세상의 리더십을 공부합니다. 성도들을 고객으로 보고 어떻게 하면 고객을 만족시킬 것인가에 대해 연구합니다. 인본주의 철학으로 슬며시 진리를 대체하려고 합니다. 과학적 합리주의가 하나님의 계시와 이적을 대신합니다. 그러면서 그들은 이렇게 말합니다.

"이렇게 하지 않으면 우리가 세상을 이길 수 없어!"

그러나 예수님은 단 한 번도 세상을 이기는 능력이 우리의 방법에 있다고 말씀하시지 않았습니다. 예수님은 우리가 세상에 대해 영원한 승리를 이루신 예수님 자신 안에 있을 때 세상을 이길 수 있다고 말씀하십니다. 하나님나라 안에는 항상 양을 가장한 이리가 있었고 지금도 여전히 있습니다. 문제는 이리가 있다는 사실이 아니라 우리가 이리와 양을 구별하지 못한다는 점입니다.

다윗의 실패를 통해 '내 방법'으로는 결코 하나님나라를 이룰

수 없다는 교훈을 얻습니다. 다윗은 최고의 수레를 만들었습니다. 하나님께 드리는 것이니 당연히 최고로 만들었을 것입니다.

미국의 페닌슐라 성경교회를 담임했던 레이 스테드만 박사가 지은 「주일이 기다려지는 교회 만들기」(최예자 옮김, 도서출판 바울 펴냄)를 보면 바람직한 교회의 모습, 즉 교회의 참된 본질과 기능을 에베소서 4장 1절부터 3절을 들어 이야기합니다.

"그러므로 주 안에서 갇힌 내가 너희를 권하노니 너희가 부르심을 받은 일에 합당하게 행하여 모든 겸손과 온유로 하고 오래 참음으로 사랑 가운데서 서로 용납하고 평안의 매는 줄로 성령이 하나 되게 하신 것을 힘써 지키라"

교회는 인간이 만든 집단이 아닐뿐더러 목표나 수단을 임의로 정할 수 있는 독립된 기구도 아니고, 구성원들의 숫자나 능력에 따라 쉽게 좌우되지도 않는다는 것입니다. 오늘날 많은 교회들이 겪고 있는 혼란은 그리스도인들이 눈에 보이지 않는 것 대신 눈에 보이는 것에만 집착하기 때문이며, 하나님의 주된 관심은 교회가 무엇을 행하느냐가 아니라 어떤 모습이냐에 있다는 것입니다. 우리의 행위, 우리의 방법이 아니라 주님의 부르심을 받은 일에 합당하게 행할 때 교회가 사회를 변화시킬 수 있는 능력을 갖게 될 것이라고 주장합니다.

다윗은 최고의 수레를 정성껏 만들었지만 그것은 '그의 방법'이었습니다. 하나님은 우리가 하는 일의 목적도 보시지만 반드시 그 과정도 보십니다.

'하나님 위해서 하는 일인데 뭐 어때?'

그렇지 않습니다. 아무리 하나님을 위해서 하는 일일지라도 그것이 하나님의 방법이 아니면 하나님과는 아무 관계가 없습니다. 우리가 아무리 하나님을 사랑한다 해도 다윗만큼 하겠습니까? 그런 다윗이 한 일인데도 방법이 잘못되니 헛일이 된 것입니다.

'주님, 내 방법으로 하고 있는지 볼 수 있는 눈을 열어 주소서!'

2) 내 능력

여호와께서 나단을 다윗에게 보내시니 그가 다윗에게 가서 그에게 이르되 한 성읍에 두 사람이 있는데 한 사람은 부하고 한 사람은 가난하니 그 부한 사람은 양과 소가 심히 많으나 가난한 사람은 아무것도 없고 자기가 사서 기르는 작은 암양 새끼 한 마리 뿐이라 그 암양 새끼는 그와 그의 자식과 함께 자라며 그가 먹는 것을 먹으며 그의 잔으로 마시며 그의 품에 누우므로 그에게는 딸처럼 되었거늘 어떤 행인이 그 부자에게 오매 부자가 자기에게 온 행인을 위하여 자기의 양과 소를 아껴 잡지 아니하고 가난한 사람의 양 새끼를 빼앗아다가 자기에게 온 사람을 위하여 잡았나이다 하니 다윗이 그 사람으로 말미암아 노하여 나단에게 이르되 여호와의 살아 계심을 두고 맹세하노니 이 일을 행한 그 사람은 마땅히 죽을 자라 그가 불쌍히 여기지 아니하고 이런 일을 행하였으니 그 양 새끼를 네 배나 갚아 주어야 하리라 한지라
(삼하 12:1–6)

하나님께서 함께 하시니 다윗의 왕국은 날로 강해져갔습니다. 그렇게 커지고 많아진다고 해서 모든 일이 잘 되고 모든 문제가 사라지는 것은 아닙니다. 외적으로는 강성함을 시기하는 세력이 적대감을 감춘 채 여전히 우리를 노려보고 있고, 내적으로는 낮은 본성으로 인해 우리는 여전히 죄를 향해 달려가려 합니다.

다윗의 왕국도 그랬습니다. 하나님과는 관계가 없는 이방 세력이 여전히 이스라엘을 위협하였고 다윗은 그들을 제압하고자 요압 장군과 군대를 내보냈습니다. 저녁이 되어도 전장으로부터는 아직 소식이 없습니다.

예루살렘 왕궁에 남아 승전보를 기다리다 무료해진 다윗은 산책을 나갔습니다. 그때 그의 눈에 목욕하고 있는 한 여인이 보였습니다. 심히 아름답습니다. 신하를 시켜 누구인지 알아봅니다. 그리고 그 여인을 자기에게 데려오게 하여 간음을 했습니다.

그는 왕이었습니다. 왕에게는 그렇게 할 수 있는 자유와 권세와 힘이 있습니다. 누구도 왕이 하는 일을 막을 수 없습니다. 왕은 그러한 자신의 자원을 이용한 것입니다. 그 여인은 다윗과의 동침으

로 임신을 했습니다.

그래도 양심이 있어서 왕은 그 사실을 감추려고 합니다. 그래서 꾀를 냈습니다. 전장에 나가있는 여인의 남편을 불러들여 부인과 자연스럽게 동침케 한 후 이미 태중에 있는 아이를 그의 자식으로 여기게 할 생각이었습니다.

그러나 아무런 영문도 모른 채 불려온 남편은 부인 곁으로 가지 않았습니다. 언약궤와 이스라엘의 군사들이 전쟁터에 있는데 편안한 집에서 먹고 마시며 아내와 동침할 수는 없다고 여겼기 때문입니다. 왕이 두 번씩이나 명령했으나 이 충성스러운 장수는 지엄하신 명령을 듣지 않고 왕궁 문에서 신하들과 함께 잤습니다. 왕의 계획이 실패한 것입니다.

거기에서 왕은 포기하지 않았습니다. 더 확실한 꾀를 생각해냅니다. 왕은 밀서 한 장을 썼습니다. 그리고는 그 여인의 남편의 손에 들려 요압 장군에게 보냅니다. 자신의 손에 들린 편지에 자신을 죽게 할 음모가 적혀있는지도 모른 채 그는 왕의 편지를 꼭 쥐고 가서 장군에게 전합니다.

적과의 치열한 전투가 있던 날 전장으로부터 전령이 달려와서 왕께 보고합니다.

> 그 사람들이 우리보다 우세하여 우리를 향하여 들로 나오므로 우리가 그들을 쳐서 성문 어귀까지 미쳤더니 활 쏘는 자들이 성 위

에서 왕의 부하들을 향하여 쏘매 왕의 부하 중 몇 사람이 죽고 왕의 종 헷 사람 우리아도 죽었나이다 (삼하 11:23-24)

그 여인의 남편이 다윗의 올무에 걸려 적의 화살 공격을 받고 죽은 것입니다. 이번에는 왕의 계획이 멋지게 성공했습니다.

장례식이 끝나자마자 왕은 그 여인을 자신의 아내 삼은 것으로 성공을 자축했습니다.

성적 타락은 개인적이면서도 사회적인 문제입니다. 대개는 개인적으로 은밀하게 진행되지만 결국에는 개인으로 끝나지 않고 그 개인이 속한 공동체 즉 가정, 교회, 사회, 국가에 치명적인 손상을 입힙니다. 십계명 가운데에도 '간음하지 말라'는 명령이 포함되어 있을 정도로 인간이 타락한 후 간음은 우리와 함께 하는 끈질긴 문제입니다.

이 시대에도 성적 타락은 여전히 심각한 문제입니다. 인터넷과 TV는 한 발만 들어가면 온갖 음란한 정보들로 넘쳐납니다. 우리가 살고 있는 이 도시에도 술집, 여관, 영화관, 유흥업소 등의 장소에서 때로는 영화, 음악 등 문화라는 이름으로, 더러는 노골적이고 퇴폐적인 유희의 형태로 우리의 일상을 파고든지 오래입니다. 심지어는 기업의 상품 광고에도 성적 욕구를 충동질하는 판매 전략이 사용됩니다. 동성연애가 성 정체성의 문제이지 잘못된 것은 아니라고 공개적으로 주장하는가 하면, 그들은 자기들끼리 결혼할 법적 권리를 주장하며 시위를 벌이기도 합니다. 그러다보니 생각만 하는 것은 괜찮다고 말하게 되어버렸습니다. 이런 지경이니 어느 정도까지가 자연스러운 성적 욕망의 본능이고 어느 정도까지가 악한 것인지 분별하는 것조차 쉽지 않습니다. 자녀들을 가르치고 보호해야 할 책임이 있는 어른의 입장에서는 더욱더 어려운 문제입니다. 그러나 예수님께서는 '간음하지 말라'는 구약의 계명에 대해 다음과 같이 분명하게 말씀하십니다.

> 음욕을 품고 여자를 보는 자마다 마음에 이미 간음하였느니라
> (마 5:28)

하니님나라는 마음에서부터 시작되고 성령님께서도 마음에 임하셔서 일하시기 때문에 깨끗한 마음을 갖는 것은 기본입니다. 하나님나라는 마음이 가난한 자의 것이고, 마음이 청결한 자가 하나님을 볼 것이기 때문입니다.

우리는 다 간음한 자입니다. 이것은 우리의 방법이나 능력으로는 도저히 지울 수 없는 낙인입니다. 그 낙인을 예수님께서 십자가에서 흘리신 피로 지워주셨습니다!

할렐루야!

왕에게 그 일이 있은 후 1년쯤 되었을 때 선지자 나단이 왕을 찾아왔습니다. 그리고는 사무엘하 12장에서 말씀한 가난한 자를 착취한 부자의 이야기를 합니다. 이 이야기를 들은 왕은 크게 진노합니다. 사실 이것은 왕이 화 낼 일이 아니라 지혜로운 판단으로 공의롭게 심판해야 할 일입니다.

분노는 우리의 생각과 의지와 감정을 파괴합니다. 파괴된 혼은 판단과 결정에 영향을 주어 결국 우리의 말과 행동과 태도로 나타나게 됩니다. 예수님은 살인하지 말라는 계명을 설명하시면서 형제에게 노하는 자마다 심판을 받게 된다고 말씀하셨습니다.(마 5:21-24 참조) 살인한 자도 심판 받고 노하는 자도 심판 받는다면 결국 살인이나 분노나 같은 문제라는 것입니다.

우리 속에 있는 죄의 문제가 적절하게 해결되지 않으면 그것이 분노로 표출됩니다. 누구도 말할 수 없는 왕의 죄가 나단의 이야기로 분노가 되어 나타난 것입니다. 왕은 남의 양을 강탈했다면 네 배로 갚으라고 하면 될 것을 분노했기 때문에 죽일 놈이라고 말함으로써 율법을 거스르는 판단을 합니다.

이 때 나단 선지자가 왕에게 분명하게 말합니다.

"그 부자가 바로 당신입니다!"

결국 왕은 자신의 능력 때문에 실패했습니다. 하나님께서는 왕의 행사를 모두 악하게 보신 것입니다.

"…다윗이 행한 그 일이 여호와 보시기에 악하였더라"(삼하 11:27)

3) 내 목적

> 여호와께서 다시 이스라엘을 향하여 진노하사 그들을 치시려고 다윗을 격동시키사 가서 이스라엘과 유다의 인구를 조사하라 하신지라 (삼하 24:1)

하나님께서는 이스라엘 백성을 치실 계획을 가지고 다윗을 시험하셨습니다.
같은 사건을 역대기에서는 다음과 같이 기록합니다.

> 사단이 일어나 이스라엘을 대적하고 다윗을 충동하여 이스라엘을 계수하게 하니라 (대상 21:1)

두 말씀을 비교해보면 다윗에게 인구조사를 하게 한 주체가 서로 다른 것처럼 보입니다. 그러나 두 기록을 종합하여 판단해보면 하나님께서 이스라엘 백성을 벌하기 위해 다윗에게 사탄의 생각을 집어넣어 이 일을 하게 하신 것이라 여겨집니다. 다윗이 이 일을 하는 과정을 보면 이러한 판단이 틀리지 않은 것 같습니다.

다윗은 군대장관 요압에게 인구를 조사하여 보고하라고 지시합니다. 그런데 지엄하신 왕의 명령에 요압이 이의를 제기합니다.

> 여호와께서 그 백성을 지금보다 백 배나 더하시기를 원하나이다 내 주 왕이여 이 백성이 다 내 주의 종이 아니니이까 내 주께서 어찌하여 이 일을 명령하시나이까 어찌하여 이스라엘이 범죄하게 하시나이까 (대상 21:3)

레위지파가 하던 전통을 깨고 자신에게 인구조사를 하라고 해서 그랬는지, 아니면 왕의 현실적인 힘을 경계해서 그랬는지는 분명치 않지만 어쨌든 요압은 왕의 지시가 마음에 들지 않았습니다. 그러나 왕의 명령은 거둘 수 없습니다.

왕은 요압을 독촉하여 인구조사를 서두릅니다. 요압은 부하들을 대동하고 전국을 누비며 아홉 달이 더 걸려 조사를 끝내고 왕에게 보고합니다. 그 때 요압은 일부러 레위인과 베냐민 지파 사람들은 계수하지 않음으로써 드러나지 않게 왕의 뜻을 거역합니다.

우리 역시 자신의 능력을 드러내 보이고 싶어 합니다. 자기표현의 시대라고 하여 세상은 그것을 부추기까지 합니다.

"네 스스로 자신을 다른 사람들에게 선전해야 해!"

"지금은 홍보의 시대야. 가만히 있으면 누가 알아주냐?"

자신을 다른 사람들에게 적극적으로 표현하고 알리는 것이 잘못은 아닙니다. 그러나 알리고 표현하려는 동기나 방법, 목적이 잘못되었다면 그것은 문제입니다. 남에게 자신을 과시하거나 남을 억누르고 그 위에 서고자 하는 동기에서 시작되었다면 분명 잘못입니다. 자신의 능력이나 모습을 부풀리거나 숨기는 것과 같은 정직하지 못한 방법을 사용한다면 그것 역시 잘못입니다. 사회적으로 공정하지 못하거나 도덕적으로 선하지 못한 목적을 위한 것이라면 동기나 방법에 문제가 없더라도 잘못된 일입니다.

요즘 TV나 신문, 인터넷, 광고 등을 통해 쏟아져 나오는 정보들은 그대로 믿으면 안 됩니다. 그것들은 대부분 동기나 목적이 순수하지 않습니다. 상업적이거나 정치적인 의도가 숨어있는 경우가 많습니다.

자신을 드러냄에 있어서도 좀 더 정직해질 필요가 있습니다. 내 경우를 보면 이것은 정말 어려운 일입니다. 입을 다물고 있으면 적어도 거짓말하는 것은 피할 수 있겠지만 일부러 말하지 않았다면 이것을 정직하다고 할 수는 없을 것입니다. 이런 일들이 얼마나 많습니까?

왕의 인구조사는 동기부터 분명히 잘못된 것입니다. 요압으로 하여금 조사하게 한 방법이 잘못되었고, 조사결과에 의도된 거짓이 포함되어 있는 것도 잘못되었습니다. 인구조사를 통해 자신의 군사력을 과시하고자 했던 목적도 잘못되었습니다.

왕은 나중에서야 자신이 한 일이 어리석었음을 깨닫게 되지만 하나님의 징계를 피할 수는 없었습니다. 하나님께서는 선지자 갓을 통해 왕에게 세 가지 징벌 중 하나를 택하라고 하십니다. 그 세 가지는 이스라엘 땅의 칠 년 기근, 석 달 동안 왕이 대적에게 쫓김, 삼 일 동안의 전염병이었습니다. 하나님께서는 일부러 다윗에게 선택하게 함으로써 그의 마음을 보시고 싶었던 것 같습니다.

왕은 진퇴양난에 빠졌습니다.

곤혹스럽게 하는 여러 가지 선택 앞에 놓여있을 때 무엇이 선택의 기준이 되어야 합니까? 손상될 자신의 명예? 떠안게 될 자신의 물질적, 정신적 피해의 크기? 아니면 선택 결과로 다른 사람들이 받게 될 부담 정도? 이것은 결코 쉬운 문제는 아닙니다. 그러나 분명한 것은 선택의 결과들로 우리의 품성이 드러난다는 것입니다.

예수님께서는 이렇게 말씀하십니다.

"네 이웃을 네 몸과 같이 사랑하라."

왕은 결국 사람의 손에 자신이 빠지지 않고 하나님의 손에 빠지는 것을 선택했습니다. 그 결과 이스라엘 땅에 전염병이 돌았습니다. 죽은 백성만 하더라도 70,000명에 이르렀습니다. 왕은 장로들과 함께 하나님께 나아가 회개하며 부르짖었습니다.

"저의 죄를 백성들에게 묻지 마소서. 제가 잘못하였으니 저에게만 벌을 내리소서!"

왕에게서 목자의 마음을 읽을 수 있습니다. 자신의 양을 물어가는 사자와 곰에게 달려들었던 그 마음이 아직 왕에게 남아있음을 봅니다.

왕은 오르난의 타작마당에서 하나님께 단을 쌓고 번제와 화목제를 드렸습니다. 하나님께서는 왕의 제사를 받으시고 전염병을 멈추십니다. 오래 전 아브라함이 독자 이삭을 번제로 드리고 언약의 하나님을 경험했던 모리아 산에서, 다윗은 두렵고 떨리는 하나님의 공의와 긍휼을 목도한 것입니다.

언제나 그랬던 것처럼 우리의 왕은 이번에도 실패했지만 곧바로 일어났습니다

'우리에게도 영원하신 목자이신 주님의 마음을 부어주소서!'

왕의 아픔과 아버지의 마음

1) 내 아들 압살롬아

> 압살롬이 이미 그의 종들에게 명령하여 이르기를 너희는 이제 암논의 마음이 술로 즐거워할 때를 자세히 보다가 내가 너희에게 암논을 치라 하거든 그를 죽이라 두려워하지 말라 내가 너희에게 명령한 것이 아니냐 너희는 담대히 용기를 내라 한지라 압살롬의 종들이 압살롬의 명령대로 암논에게 행하매 왕의 모든 아들들이 일어나 각기 노새를 타고 도망하니라 그들이 길에 있을 때에 압살롬이 왕의 모든 아들들을 죽이고 하나도 남기지 아니하였다는 소문이 다윗에게 이르매 왕이 곧 일어나서 자기의 옷을 찢고 땅에 드러눕고 그의 신하들도 다 옷을 찢고 모셔 선지라
> (삼하 13:28-31)

압살롬은 그술 왕 달매의 딸인 마아가와의 사이에서 낳은 세 번째 아들이고, 암논은 이스르엘 출신의 아히노암과의 사이에 낳은 왕의 첫 번째 아들입니다. 압살롬에게는 다말이라는 예쁜 누이가 있었습니다. 그런데 그 다말을 다른 사람도 아닌 이복 오빠 암논이 짝사랑하게 된 것입니다. 암논은 어떻게 해서라도 다말을 품에 안고 싶었습니다.

그러한 사실을 친구이자 사촌 간이기도 한 요나답이 알게 되었습니다. 그는 심히 간교한 자였습니다. 이복 남매간의 결혼은 율법으로 금지된 것임에도 불구하고 그는 한 가지 꾀를 내어 암논에게 일러줍니다. 암논은 요나답의 말대로 행하여 다말이 그를 위해 과자를 구워 올 때 그녀를 침상으로 불러들여 겁탈합니다. 욕정을 채

운 암논에게 다말은 더 이상 사랑스런 여자가 아니었습니다.

아름다운 여인을 보고 사랑을 느끼는 것은 자연스러운 감정입니다. 그러나 그러한 감정이 육체적 욕망에 이끌려 반응하게 되면 그것은 사랑이 아니라 욕정일 뿐입니다.

암논이 그랬습니다.

암논에게 다말은 욕정의 대상밖에는 아무 것도 아니었습니다. 암논의 황폐해진 마음에 다말을 향한 미움이 싹텄습니다.

암논에게 수모를 당한 후 쫓겨난 다말은 울며 압살롬 오빠의 집으로 갔습니다. 압살롬은 이내 모든 정황을 알아차렸습니다. 그러나 암논을 향한 증오심을 감춘 채 2년 동안 그 일에 대해 한 마디도 하지 않았습니다. 왕도 그 일을 알게 되었지만 화만 냈을 뿐 아무런 조치도 취하지 않았습니다. 2년쯤 지난 어느 날이었습니다. 야심을 품었던 압살롬은 마음에 묻어둔 복수의 계획을 실행하기 시작합니다. 마하나임 근처의 목장에서 양털 깎는 큰 행사를 준비 중이던 압살롬은 형제들을 초청할 생각을 합니다. 형제들 중에 반드시 암논이 포함되어야 했습니다. 왕을 설득하여 암논을 행사에 오게 하는 데 성공했습니다. 아름다운 음악이 연주되고 좋은 포도주에 부드러운 양고기도 구웠습니다. 행사는 흥겨운 분위기로 무르익어 갔습니다. 왕자들은 알맞게 취해갔고 드디어 압살롬이 행동을 개시할 때가 되었습니다.

압살롬의 심복들이 주인의 신호에 따라 암논의 심장을 칼로 찔렀습니다. 다른 왕자들은 혼비백산하여 노새를 타고 그 자리를 피해 도망쳤습니다. 그런데 압살롬이 왕자들을 모두 죽였다는 소문이 도망친 왕자들보다 더 먼저 예루살렘의 왕에게 도달했습니다.

왕은 기가 막혔습니다.

"어떻게 이런 일이…"

왕은 옷을 찢고 땅에 드러누워 버렸습니다. 하늘 아래에서 왕은 모든 것을 할 수 있을 것만 같았습니다. 그러나 이번만큼은 왕이 할 수 있는 일이 하나도 없어 보입니다.

간교한 요나답이 이번에는 왕에게 이렇게 아룁니다.

> 내 주여 젊은 왕자들이 다 죽임을 당한 줄로 생각하지 마옵소서 오직 암논만 죽었으리이다 그가 압살롬의 누이 다말을 욕되게 한 날부터 압살롬이 결심한 것이니이다 그러하온즉 내 주 왕이여 왕자들이 다 죽은 줄로 생각하여 상심하지 마옵소서 오직 암논만 죽었으리이다 (삼하 13:32-33)

간교한 요나답의 말대로 암논을 제외한 다른 왕자들은 모두 살아서 예루살렘으로 돌아왔습니다. 그 사건으로 인해 압살롬은 그술 왕인 외조부에게로 피신하였고, 왕은 슬픔에 빠졌습니다.

왕은 많은 아내와 첩을 거느렸습니다. 자식이 없었던 첫 번째 부인이요 사울 왕의 딸이었던 미갈을 제외하고도 성경에 이름이 언급된 자만 하더라도 일곱 명이요, 확인되지 않은 사람까지 포함하면 훨씬 더 많을 것입니다. 정식 부인에게서 낳은 아들만 열아홉 명이니, 첩에게 난 자들까지 포함하면 훨씬 더 많았을 것입니다.

왕에게는 그렇게 할 힘이 있습니다. 그렇게 할 권리도 있어 보입니다. 그러나 당시의 결혼 풍습이 어떠했든, 세상사람 누구도 문제 삼지 않는 일이라 할지라도 하나님께서 세우신 가정의 원리인 '한 남자의 아내, 한 여자의 남편'의 질서를 깨뜨린 것은 분명한 죄입니다. 게다가 형제 살해 사건의 주역인 압살롬은 언젠가 다윗이 광야 도피 중 직접 침략한 바 있는 이방의 그술 족속 출신의 아내에게서 낳은 아들입니다.

하나님이 세우신 삶의 원리를 무시하는 것은 하나님나라를 위협하는 근본원인이 됩니다. 세상의 영향력이 강해질수록 성경적 삶의 원리들이 시대에 맞지 않는 것처럼 보이게 되고 우리의 생각에 좋은 대로 세상풍조에 따라가기 쉽습니다. 이것이 이 시대의 아픔의 시작입니다. 왕의 잘못된 가정에서 시작된 문제는 결국 다윗왕국에 심각한 위협을 주게 됩니다.

압살롬이 그술의 외가로 도피한 지 3년이 흘렀습니다. 왕은 형제를 죽인 패륜아들이었지만 압살롬이 보고 싶었습니다. 그것이 아버지의 마음인가 봅니다.

왕의 마음을 읽은 요압이 꾀를 내어 압살롬을 예루살렘으로 오게 합니다. 그러나 왕은 압살롬이 예루살렘으로 온 후로도 2년 동안이나 대면하지 않았습니다. 압살롬은 야심이 있는 자였습니다. 자신의 야심을 실행하기 위해서는 형을 죽인 일에 대한 왕의 공식적인 용서가 필요했을 것입니다. 압살롬은 요압을 다그쳤습니다.

> 이제는 네가 나로 하여금 왕의 얼굴을 볼 수 있게 하라 내가 만일 죄가 있으면 왕이 나를 죽이시는 것이 옳으니라 (삼하 14:32)

왕이 압살롬을 만나주었습니다. 왕은 아들에게 입맞춤으로 그의 죄를 용서한 듯 했습니다. 압살롬은 이제 성문 앞에 나갈 수 있게 된 것입니다. 그는 그곳에서 백성들의 송사에 개입하여 마음을 얻는데 성공합니다. 성경은 그 사실을 압살롬이 '이스라엘 사람의 마음을 훔쳤다' 라고 기록합니다.

그렇게 4년 동안 공 들인 압살롬은 드디어 자신의 야심찬 제 2단계 계획을 실행하려 합니다. 왕이 되고자 하는 자에게는 이 세상에 자신 외에 그 어떤 왕도 있어서는 안 됩니다. 예루살렘에는 이미 왕이 있습니다. 그래서 그는 헤브론으로 갔습니다. 그곳에서 그는 자신의 추종자들과 멋모르고 따라온 200명의 사람들 앞에서 스스로 왕이 되었습니다. 세상이 바뀌었습니다. 왕에게 불만이 있던 많은 백성들이 새 왕에게 지지를 보냈습니다. 이제 남은 유일한 걸림돌은 예루살렘에 있는 늙은 왕뿐입니다.

사태를 파악한 예루살렘의 왕은 새 왕과 맞서고 싶지 않았습니다. 그래서 왕궁에는 후궁 열 명만 남겨놓고 가족들과 지지자들과 함께 예루살렘을 떠나 울면서 기드론 강을 건넜습니다. 광야 길을 지나 감람 산 길로 올라갈 때는 왕과 따르는 백성들 모두가 머리를 가리고 맨발로 울며 갔습니다. 죄로 인해 실패한 하나님나라 왕의 모습입니다.

이렇게 구겨질 대로 구겨진 왕에게도 반짝 빛나는 면이 있었습니다. 두 가지를 이야기하겠습니다. 하나는 왕이 예루살렘을 떠날 때 제사장 사독이 모든 레위 사람들과 함께 하나님의 언약궤를 메고 나왔을 때의 일입니다.

왕이 말합니다.

> 보라 하나님의 궤를 성읍으로 도로 메어 가라 만일 내가 여호와 앞에서 은혜를 입으면 도로 나를 인도하사 내게 그 궤와 그 계신 데를 보이시리라 그러나 그가 이와 같이 말씀하시기를 내가 너를 기뻐하지 아니한다 하시면 종이 여기 있사오니 선히 여기시는 대로 내게 행하시옵소서 하리라 (삼하 15:25)

이스라엘 백성들은 하나님의 능력이 필요할 때마다 언약궤를 앞세우곤 했습니다. 그러나 오늘 왕은 그렇게 하지 않았습니다. 자신의 목적을 위해 하나님을 동원하고 싶지 않은 것입니다. 하나님께서 자신에게 하실 일을 기다리며 그 일이 무엇이든 선하게 여기는 종의 모습입니다. 어떻게 해서라도 자신의 추종자들과 백성들 앞에서 형편없이 망가져버린 자존심과 자신의 영광을 회복시키고 싶었을 법도 한데 그런 것들에 대해서 우리의 왕은 관심조차 없는 듯 행동합니다.

위기가 찾아왔을 때 우리는 어떤 모습입니까?

또 한 번은 이런 일이 있었습니다. 왕이 압살롬을 피해 바후림을 지날 때였습니다. 어떤 자가 지나가는 왕과 왕의 신하들을 향해 돌을 던지며 욕설과 저주를 퍼부었습니다. 그는 사울의 친족 중 한 사람으로 게라의 아들 시므이라는 사람이었습니다.

> 피를 흘린 자여 사악한 자여 가거라 가거라 사울의 족속의 모든 피를 여호와께서 네게로 돌리셨도다 그를 이어서 네가 왕이 되었으나 여호와께서 나라를 네 아들 압살롬의 손에 넘기셨도다 보라 너는 피를 흘린 자이므로 화를 자초하였느니라 (삼하 16:7-8)

면전에서 왕에게 저주를 퍼붓는 것은 있을 수 없는 일입니다. 왕은 자신을 따르는 백성들 앞에서 손상될 대로 손상된 자신의 권위와 영광을 어떻게 해서라도 회복하고 싶었고, 자신의 초라한 모습을 감추고 싶었을 것입니다. 그때의 심정을 왕은 시편 3편에서 많은 사람들이 자신을 하나님이 돕지 않는 자라고 수군댄다고 토로합니다. 왕은 사람들의 시선에서 자유롭지 못했음이 틀림없습니다.

지금도 마찬가지입니다. 우리가 하나님께 귀를 기울이지 않으면 반드시 세상의 소리에 귀를 기울이게 되어 있습니다. 세상의 비판은 다는 아니지만 대개 맞은 맞습니다. 시므이의 저주처럼 말입니다. 그래서 더욱 신경이 쓰입니다. 듣기 싫어하면서도 더욱 귀를 가까이 대는 것이 타락한 본성을 가진 사람의 모습입니다.

'그것 봐라. 네가 얼마나 잘못했으면 그런 일이 네게 일어났겠느냐.'

'저 사람이 실패한 것은 저 사람에게 뭔가 문제가 있기 때문이야.'

이 세상에서 살아가는 한 우리는 이러한 저주에서 결코 벗어날 수 없을 것입니다. 시므이의 저주에 당연히 왕의 심복 아비새가 발끈합니다.

"이 개만도 못한 놈이 왕을 저주하다니. 왕이시여, 제가 건너가서 저 놈의 머리를 베겠습니다."

그러나 왕은 놀라운 반응을 보입니다.

> 그가 저주하는 것은 여호와께서 그에게 다윗을 저주하라 하심이

니 네가 어찌 그리하였느냐 할 자가 누구겠느냐 하고…내 몸에서
난 아들도 내 생명을 해하려 하거든 하물며 이 베냐민 사람이랴
여호와께서 그에게 명령하신 것이니 그가 저주하게 버려두라 혹
시 여호와께서 나의 원통함을 감찰하시리니 오늘 그 저주 때문에
여호와께서 선으로 내게 갚아 주시리라 (삼하 16:10-12)

수치와 좌절의 순간에도 왕은 하나님을 의식했습니다. 지금은 비록 산발한 채 맨발로 도망가는 처량한 신세지만 우리의 왕은 끝까지 하나님을 신뢰한 것입니다. 이 마음이 바로 하나님나라의 기초가 될 것입니다. 왕의 나라는 허점투성이요 불완전하기 그지없는 모습이지만 하나님께서는 왕의 이런 마음을 기뻐하신 것입니다.

하나님의 나라는 너희 안에 있느니라 (눅 17:21)

예루살렘 왕궁에 입성한 새 왕은 '온 이스라엘 가운데에서 그와 같이 아름다움으로 크게 칭찬 받는 자가 없었으니 그는 발바닥부터 정수리까지 흠이 없는 자'였습니다. 그는 추종자들이 보는 앞에서 왕의 후궁 열 명을 겁탈함으로써 자신이 왕이 되었음을 한껏 과시하지만 하나님께서 허락하신 것은 딱 거기까지였습니다. 에브라임 숲에서 요압과 아비새와 잇대를 앞세운 왕의 군대와 아마새를 앞세운 새 왕의 군대 사이에 치열한 전투가 벌어졌고, 이 전투에서 새 왕의 군대는 패하여 전사자가 20,000명에 달했습니다. 그리고 노

새를 타고 상수리나무 밑을 지나가다 덥수룩한 머리카락이 나뭇가지에 걸려 나무에 매달린 새 왕은 요압과 그의 부하들의 창에 최후를 맞습니다.

새 왕의 전사 통보는 왕에게는 큰 아픔이었습니다.

> 내 아들 압살롬아 내 아들 내 아들 압살롬아 차라리 내가 너를 대신하여 죽었더면, 압살롬 내 아들아 내 아들아 (삼하 18:33)

형제를 죽인 패륜아, 자신의 왕권에 도전한 반역자를 애통하는 왕의 부르짖음이 아닙니다. 사랑하는 아들을 부르는 간절한 아버지의 마음입니다.

우리 역시 하나님을 거역하고 스스로 왕이 된 적이 얼마나 많습니까? 그럼에도 불구하고 하나님은 반역을 일삼는 우리를 향하여 자비와 긍휼을 멈추시지 않습니다. 아버지를 거역하고 스스로 세상의 왕이 되었던 압살롬의 죽음 앞에서 통곡하는 다윗을 통하여 하나님나라의 에너지가 될 하나님의 사랑이 보이지 않습니까?

'오, 주여! 다윗에게 부어주셨던 아버지의 마음을
저에게도 부어주소서!'

2) 기브온 사람들의 한

> 다윗의 시대에 해를 거듭하여 삼 년 기근이 있으므로 다윗이 여호와 앞에 간구하매 여호와께서 이르시되 이는 사울과 피를 흘린 그의 집으로 말미암음이니 그가 기브온 사람을 죽였음이니라 하시니라 기브온 사람은 이스라엘 족속이 아니요 그들은 아모리 사람 중에서 남은 자라 이스라엘 족속들이 전에 그들에게 맹세하였거늘 사울이 이스라엘과 유다 족속을 위하여 열심이 있으므로 그들을 죽이고자 하였더라 이에 왕이 기브온 사람을 불러 그들에게 물으니라 다윗이 그들에게 묻되 내가 너희를 위하여 어떻게 하랴 내가 어떻게 속죄하여야 너희가 여호와의 기업을 위하여 복을 빌겠느냐 하니 기브온 사람이 그에게 대답하되 사울과 그의 집과 우리 사이의 문제는 은금에 있지 아니하오며 이스라엘 가운데에서 사람을 죽이는 문제도 우리에게 있지 아니하니이다 하니라 왕이 이르되 너희가 말하는 대로 시행하리라 (삼하 21:1-4)

구약시대에 하나님께서는 백성들의 죄를 징계하실 때 기근, 온역(전염병), 전쟁(창칼)이라는 세 가지 방법 중 하나를 사용하셨습니다. 지금도 형태는 다르지만 근본은 마찬가지입니다. 기근은 경제적 문제요, 온역은 사회적인 문제이며, 전쟁은 국가 간 분쟁과 같은 국제적인 문제로 나타납니다. 예나 지금이나 왕에게 있어 가장 큰 일은 백성들을 굶지 않게 하고 억울한 일 당하지 않게 하며 외세로부터 안전하게 보호하는 것입니다.

왕의 나라에 3년 연속 기근이 계속되었습니다. 한 해 흉년만으로도 민심이 흉흉해질 판인데 내리 3년씩이나 기근이 계속되었으니 왕의 고민이 이만저만이 아니었을 것입니다. 이것은 어쩌면 지금의 금융위기보다 훨씬 더 심각한 문제입니다. 지금은 조금 덜 먹으면 되는 문제이지만 그 당시는 굶어 죽느냐 마느냐 하는 것이 달린 문제이기 때문입니다.

양떼들의 고통은 왕의 아픔입니다. 왕은 하나님께 기근을 멈춰 달라고 간청했습니다. 그런데 기근은 끝나지 않고 하나님으로부터 놀라운 답이 돌아옵니다.

"사울이 기브온 사람을 죽였기 때문이니라."

기브온은 예루살렘에서 북서쪽으로 약 10킬로미터 정도 떨어진 곳으로 여호수아가 가나안 정복 당시 히위 족속이 살고 있던 곳입니다. 출애굽한지 40년 만에 가나안에 입성한 여호수아의 군대가 여리고와 아이에서 승리했다는 소식이 가나안 전역으로 퍼져나갔고 이 소식은 가나안에 살던 이방 족속들에게는 두려움이 되었습니다.

기브온 사람들도 이 소식을 들었습니다. 그들은 이스라엘이 두려웠고 그래서 그들과 화친을 맺어서라도 생명을 보존하고자 했습니다. 그들은 멀리 다른 지방에서 온 것처럼 여호수아를 속여서 그와 화친을 맺는데 성공합니다. 화친을 맺은 지 3일 만에 거짓임이 드러났고 여호수아가 그들을 불러 따졌으나 하나님 앞에서 한 번

맺은 언약은 취소할 수 없었습니다.

출애굽 당시 하나님께서는 이스라엘 백성들에게 가나안에 거주하는 이방 족속들과는 어떤 언약도 맺지 말라고 하셨는데 이스라엘은 그 명령을 어긴 것입니다. 그때 여호수아는 그들을 저주하여 성전에서 나무 패며 물 긷는 종으로 삼습니다.

그때 이래로 기브온 사람들은 그 일을 하며 이스라엘 백성과 함께 살았습니다. 그런데 사울 왕이 기브온에서 이스라엘을 다스리던 시절에 그곳에 살던 기브온 사람들에게 일종의 인종청소와 같은 악을 저질러 원한을 샀던 것으로 보입니다. 그들은 이방 족속이지만 하나님의 전에서 일하며 이스라엘에 섞여 살았습니다. 비록 천하게 보이는 일이지만 하나님 앞에서 섬기는 일이었습니다. 그런 그들에게 사울 왕이 몹쓸 짓을 한 것입니다. 그들은 힘없고 비천한 신분이어서 세상 어디에도 그들의 하소연을 들어 줄 곳이 없었습니다. 그들은 자신들이 섬겨온 하나님께 은밀하게 자신들의 한을 토로하며 갚아주실 것을 호소했을 것입니다.

하나님께서는 다윗에게 이 부분을 지적하십니다. 어쩌면 여호수아 당시 하나님께 묻지 않고(수 9:14 참조) 그들과 화친 맺은 것을 염두에 두고 계신지도 모릅니다. 하나님의 답을 들은 이상 지체할 수 없습니다.

다윗은 곧바로 기브온 사람들을 불러 물었습니다.

"내가 어떻게 해주면 되겠는가?"

돈 몇 푼으로는 한을 풀 수가 없었습니다. 자신들에 악을 행한 자들에게 똑같은 방법으로 갚아주고 싶지만 그들은 이스라엘에 대해 여전히 약자였기 때문에 조심스럽게 자신들의 뜻을 왕에게 밝힙니다. 왕은 그들의 마음을 알았습니다.

"당신들 뜻대로 해주겠노라. 말하라."

"저희를 학살하여 그 땅에서 살지 못하게 한 사람의 자손 일곱 명을 성전 앞에 목매달게 해주소서."

사울의 죄를 대속할 속죄 제물로 일곱 명의 사람이 뽑혔습니다. 사울의 첩이요 아야의 딸인 리스바에게서 난 두 아들 알모니와 므비보셋, 사울의 딸 메랍과 므홀랏 사람 바실래의 아들 아드리엘에게서 난 다섯 아들을 잡아 그들을 기브온 사람들에게 내어주었습니다. 기브온 사람들은 그들이 조상 대대로 섬겨온 하나님의 전 앞 산 위에서 일곱 명을 교수형에 처했습니다.

세상은 불공평합니다. 그래서 항상 억울한 사람이 있기 마련입니다. 몇몇 이상주의자들이 모두가 공평하게 잘 사는 세상을 꿈꾸며 모델을 제시했지만 어느 것도 성공하지 못했습니다. 한쪽에서는 자신이 가지고 있는 돈이 얼마인지도 모를 정도로 넘쳐나는가 하면 한쪽에서는 먹을 것이 없어 굶어 죽어가고 있습니다. 이러한 불균

형은 곳곳에 여러 가지 사회적 문제를 일으키게 되고 이 문제들의 한쪽 편에는 언제나 억울함을 당하는 약자들이 있습니다.

약자는 억울함을 당해도 호소할 곳조차 없습니다. 그래서 억울함이 한이 되고 대개는 그 한이 그들의 문화가 되고 정서가 되어 아무 일 없었던 것처럼 살아갑니다. 아마 기브온 사람들도 그렇게 살아갔을 것입니다. 하나님께서는 친히 자신을 "고아의 아버지시며 과부의 재판장"(시 68:5)이라고 하셨습니다. 왕이 하나님께서 보낸 목자가 되어야 하는 이유입니다. 왕은 기브온 사람들의 마음을 알고 그 한을 풀어주었습니다.

하나님나라에는 이 왕의 마음이 필요합니다. 교회 안에는 다양한 사람들이 모여 있습니다. 세상 어떤 모임이나 단체도 이처럼 다양한 스펙트럼을 가지고 있지 않습니다. 이것이 교회 공동체의 가장 큰 특징 가운데 하나입니다. 그러다보니 그 안에는 부자도 있고 지식가나 권세가도 있는 반면 가난한 자, 힘없는 자, 무식한 자도 있습니다. 만약에 예수님을 구주로 믿고 시인하는 것 외에 어떤 방식으로든 교회 구성원의 자격을 제한하는 것이 있다면 그것은 잘못입니다. 예를 들어 특정 계층이나 인종, 국적, 피부색 등이 조건이 되면 안 됩니다. 심지어는 살인과 같은 전과가 있는 자라도 거절할 수 없습니다. 예수님은 한센병자, 창녀, 세리와 같은 사기꾼, 십자가 위의 범죄자까지도 모두 받아주셨습니다.

역사의 경험을 통해 분리나 제한이 잘못임을 잘 알기 때문에 드러내놓고 그렇게 하는 교회는 더 이상 없겠지만, 오늘날의 교회 안에도 여전히 보이지 않는 벽이 있습니다. 이 벽이 하나님나라의 능력을 약화시킬 것입니다. 교회는 이 벽이 없는지 늘 살펴야 하고, 이 벽을 허무는 데 주저하지 말아야 합니다. 이 일은 목사나 장로만의 몫이 아니라 하나님나라의 왕으로 부름 받은 성도 모두의 몫입니다.

죽임을 당한 사람들에게는 청천벽력과 같은 일이었습니다. 두 아들을 잃은 리스바에게도 마찬가지였습니다. 사실 리스바는 이 일이 아니라도 기구한 인생을 살아왔습니다. 한 때는 왕의 여인으로 왕의 사랑과 존귀함을 받았지만 왕은 전쟁터에서 죽었고, 왕의 아들이 왕이 되었지만 새 실력자의 기세에 눌려 왕 같지 않은 왕이었습니다. 설상가상으로 그녀는 새 실력자에게 겁탈당하는 말할 수 없는 수모를 겪어야 했습니다. 새 실력자는 사울 가문을 포기하고 다윗 왕에게 투항하더니 오히려 살해당하고, 사울 가문의 희망인 왕 이스보셋 마저 부하의 칼에 죽자 사울 왕국은 사라져 버렸습니다.

한 여인으로서는 감당하기 힘든 급변하는 정세 속에서 숨죽이며 없는 것처럼 살고 있는데 어느 날 갑자기 귀한 두 아들까지 처참한 꼴을 당했으니 그 심정을 어찌 말로 다 할 수 있겠습니까? 두 아들의 시체는 무덤에 넣지도 못하고 밖에 버려져 있었습니다.

리스바는 아들들의 시체 근처 바위에 베보자기를 깔고 새와 들짐승들이 해치지 못하도록 시체를 지켰습니다. '보리 베기 시작할 때부터 비가 시체에 쏟아지기까지' 그렇게 했다고 기록한 것을 보면 여러 달 동안 그리했음을 알 수 있습니다. 또 '베를 깔았다'는 말씀을 통하여 회개한 것이라고 해석하는 사람들도 있는데 그런 상황에서 오랫동안 무엇을 회개했을까 궁금합니다.

사실 그가 무엇을 했는지는 그렇게 중요한 문제가 아닐 수도 있습니다. 끝까지 지켜주지 못한 부모로서의 무력감, 시체라도 지켜주고 싶은 부모의 마음, 더 이상 살아갈 힘도 희망도 끊겨버린 좌절감, 그 이상도 그 이하도 아니었는지 모릅니다.

다윗이 리스바의 안타까운 근황을 들었습니다. 나라의 중대한 문제 앞에서 하나님께서 지적한 문제의 해결책으로 기브온 사람들의 요구를 들어주긴 했지만 왕에게는 역시 죽은 자들에 대한 안타까움이 있었을 것입니다. 왕은 죽은 자들의 시체를 잘 수습하여 사울 왕의 아버지 기스의 묘에 안장하라는 지시를 내렸습니다. 그때까지도 아직 조상의 묘에 들어가지 못하고 길르앗 야베스 사람이 가지고 있던 사울과 요나단의 유골도 함께 안장하라는 지시도 잊지 않았습니다.

하나님께서는 그때서야 이스라엘의 기도를 들으시고 기근을 멈추셨습니다.

왕은 나라의 문제를 해결하기 위해서는 어떤 식으로든 조치를 취해야 했습니다. 그렇게 하는 과정에서 반드시 기브온 사람들도 있고 리스바도 있습니다. 하나님께서 왕의 기도를 들어주신 것은 왕이 기브온 사람들의 요구를 들어주었던 때가 아니라 리스바의 아픔까지 어루만져준 뒤였습니다. 기근과 같은 국가적 문제의 해결이라는 목적만이 아니라 문제해결 과정도 중요하다는 것을 알아야 한다고 하나님께서는 말씀하십니다.

'주님, 하나님나라 안의 기브온 사람도 보게 해주시고, 리스바도 보게 해주소서. 내가 쌓은 벽도 보게 하시고, 그 벽들을 무너뜨릴 수 있는 용기도 주소서!'

3) 왕의 유언

스루야의 아들 요압이 내게 행한 일 곧 이스라엘 군대의 두 사령관 넬의 아들 아브넬과 예델의 아들 아마사에게 행한 일을 네가 알거니와 그가 그들을 죽여 태평 시대에 전쟁의 피를 흘리고 전쟁의 피를 자기의 허리에 띤 띠와 발에 신은 신에 묻혔으니 네 지혜대로 행하여 그의 백발이 평안히 스올에 내려가지 못하게 하라 (왕상 2:5-6)

요압은 왕의 누이 스루야의 아들이니 왕의 생질인 셈입니다. 그는 평생을 궂을 때나 좋을 때나 다윗을 섬기며 충성을 바친 용맹스러운 군인이었습니다. 다윗이 온 이스라엘의 왕이 된 뒤 여부스(예루살렘)를 침공할 때는 맨 앞에서 공을 세워 총사령관이 된 자입니다. 한 번도 왕을 배신한 적이 없는 그인데 왕은 아들 솔로몬에게 죽이라고 유언하고 있습니다.

아무리 거짓되고 악한 사람이라도 유언할 때만큼은 정직해진다고 합니다. 왕은 그동안 아무에게도 말할 수 없었던 속내를 아들에게 털어놓습니다. 솔로몬이 왕위를 물려받는 과정에서 요압이 솔로몬을 등졌던 흠이 있긴 하지만 왕의 유언을 보면 그 일 때문은 아닙니다. 아브넬과 아마사에게 행한 일 때문이라고 말합니다.

다윗이 이스라엘의 왕이 되기 전에 있었던 일입니다. 다윗이 헤브론에서 유다족속의 왕일 때 사울 왕을 섬겼으며 사울왕국의 최고 실력자였던 아브넬이 이스라엘 나머지 족속을 데리고 다윗에게 투항했습니다. 다윗은 이를 좋게 여겨 받아주고 그를 선대했습니다. 완전한 이스라엘의 왕이 되기 위해서는 어쨌든 그들의 연합이 필요했을 것입니다.

전쟁터에서 돌아와 이 사실을 알게 된 요압은 왕에게 이 일을 따졌습니다. 그러나 한 번 결정한 왕의 생각에는 변함이 없습니다. 요압은 왕의 면전에 물러나와 돌아가고 있던 아브넬을 헤브론으로 불러들여 직접 살해합니다. 이 일로 인하여 왕은 마음이 아팠습니다. 창칼이 아니라 평화적인 방법으로 이스라엘을 통합하고자 했는데 이러한 자신의 생각을 최측근 심복이 거역한 것입니다.

왕은 넋두리합니다.

"내가 왕이지만 힘이 없어서 스루야의 아들인 이 사람들을 제어하기가 너무 어렵구나!"(삼하 3:39 참조)

스루야의 아들은 아비새, 요압, 아사헬 등 삼 형제입니다.(대상 2:16 참조) 이 세 사람은 모두 뛰어난 용사였습니다. 한 번은 아브넬 측과 요압 측이 기브온에서 큰 싸움을 벌인 적이 있었는데 이 때 아브넬이 자신을 추격하던 아사헬을 죽이는 사건이 발생합니다. 이 일로 인해 요압은 아브넬에게 개인적인 원한을 품게 되었고, 장차 자신의 정적이 될 수도 있다는 복합적인 판단에서 그를 죽임으로써 왕의 뜻을 거역한 것입니다.

압살롬이 반역을 일으켰을 때의 일입니다. 예루살렘을 점령한 압살롬은 아마사에게 군 지휘권을 맡깁니다. 아마사는 다윗의 또 다른 누이 아비가일의 아들로 요압과는 이종사촌인 셈입니다. 에브라임 숲에서 아마사를 앞세운 압살롬의 군대와 요압 등을 앞세운 다윗의 군대 사이에 큰 전투가 벌어졌고, 이 전투에서 압살롬은 요압의 창에 찔려 죽었습니다.

다윗은 압살롬을 너그럽게 대하라고 신신당부했지만 요압이 거역한 것입니다. 용맹스럽고 충성스럽기로 치면 그 누구도 따를 자가 없었지만 자신의 권위를 온전히 인정하지 않는 요압이 다윗은 부담스러웠던 것 같습니다. 그래서 다윗은 반역자의 편에 섰던 아마사를 받아들이고, 요압 대신 군총사령관으로 삼고자 했습니다. 이러한 정황을 눈치 챈 요압은 세바의 반란사건을 진압하고 돌아오는 길에 기브온 큰 바위 곁에서 자신을 맞으러 나온 아마사마저 살해합니다. 왕은 스루야의 아들들에게 받은 심적 부담을 가끔 이렇게 표출하곤 했습니다.

"스루야의 아들들아 내가 너희와 무슨 상관이 있느냐?"

요압은 자신에게 이해되지 않는 것은 받아들이지 않았습니다. 왕이 사울의 장수였던 아브넬을 받아들이는 것을 이해하지 못했습니다. 아무리 아들이지만 왕권에 도전했던 반역자 압살롬을 두둔하는 것은 더욱 이해하지 못했습니다. 그리고 그 반역자와 함께 했던 적장 아마사를 죽이지 않고 오히려 군 책임자로 등용하려는 처사를 더더욱 이해하지 못했습니다. 그가 그러한 태도를 보인 것은 자신의 주인을 하나님이 세운 왕으로 보기보다는 자신의 출세를 보장해 주는 사람으로 보았기 때문일 것입니다.

교회 안에도 그런 종류의 사람들이 있습니다. 자신의 생각이나 취향이나 이해와 맞지 않는 리더들에 대해서는 비판하거나 등을 돌립니다. 그런 사람은 하나님에 대해서도 마찬가지입니다. 하나님

그분만을 알고 싶어 하는 것이 아니라 그분조차도 자신을 드러내는 도구 정도로 여깁니다. 이런 사람이 바로 예수님께서 말씀하신 가라지입니다. 가라지는 추수 때까지 알곡과 함께 자라 끊임없이 알곡의 성장을 방해하며 하나님나라의 아픔으로 작용할 것입니다.(마 13:24-30 참조)

우리에게도 이러한 가라지와 같은 마음이 있습니다. 하나님의 일을 함께 하면서도 정작 자신의 이성과 논리로 이해되지 않으면 신뢰하지 않습니다. 자신에게 유익이 없거나 자존심을 건드리는 일이면 외면합니다. "두 마음을 품어 모든 일에 정함이 없는 자"(약 1:8)입니다. 왕은 우리의 그런 두 마음을 잘 알면서도 추수 때까지 기다릴 것입니다.

왕의 아픔은 외부의 적이 아니라 내부의 형제들에게서 시작되었습니다. 하나님나라의 아픔은 하나님나라 밖의 사람들이나 일이 아닙니다. 그것은 항상 하나님나라 안의 사람들이나 일이 원인이 됩니다. 하나님나라 백성들이 왕의 법과 명령을 따르지 않고 자신들의 유익과 만족을 좇아 행할 때 왕의 마음은 아픈 것입니다. 교회가 세속화되어 교회답지 못하고, 성도들이 자기 목적, 자기 방법, 자기 능력을 앞세워 성도답지 못할 때 우리 주님의 마음은 정말 아프실 것입니다.

한국교회는 유럽과 미국 교회로부터 빚진 자입니다. 그 빚을 갚는 유일한 방법은 아름다운 신앙의 유산을 많이 물려준 그들조차도 이루지 못한 초대교회의 모습을 한국 교회가 회복하는 것입니다. 그 회복을 위해서는 이제 성도들의 마음속에서부터 왕을 진짜 왕으로 인정하고 그분 앞에 절대 순종하는 갱신이 일어나야 할 것입니다. 하나님으로부터 받은 은사가 클수록 내 마음속에 요압은 없는지 스스로 늘 돌아보아야 합니다.

왕은 자신의 아픔을 아들에게만큼은 물려주고 싶지 않았습니다. 아들을 불러 조용히 유언을 남깁니다.

"반드시 요압을 죽여라."

왕의 승리

> 이 하나님이 나를 위하여 보복하시고 민족들이 내게 복종하게 하시며 나를 원수들에게서 이끌어 내시며 나를 대적하는 자 위에 나를 높이시고 나를 강포한 자에게서 건지시는도다 이러므로 여호와여 내가 모든 민족 중에서 주께 감사하며 주의 이름을 찬양하리이다 여호와께서 그의 왕에게 큰 구원을 주시며 기름 부음 받은 자에게 인자를 베푸심이여 영원하도록 다윗과 그 후손에게로다 하였더라 (삼하 22:48-51)

세상 나라의 실세 아브넬이 죽자 세상 나라의 왕 이스보셋의 다리에 힘이 빠졌습니다. 이스보셋 왕마저 죽자 그 나라 백성들의 다리에도 힘이 빠졌습니다. 마침내 그 왕국을 지탱해주던 힘이 모두 사라져버렸습니다. 한때는 결코 쓰러지지 않을 것처럼 보였던 강력한 힘이 없어져버린 것입니다. 눈에 보이는 나라의 허무함을 경험한 이스라엘 모든 지파가 비로소 헤브론의 다윗에게 나아와 고백합니다.

> 전에 곧 사울이 우리의 왕이 되었을 때에도 이스라엘을 거느려 출입하게 하신 분은 왕이시었고 여호와께서도 왕에게 말씀하시기를 네가 내 백성 이스라엘의 목자가 되며 네가 이스라엘의 주권자가 되리라 하셨나이다 (삼하 5:2)

자신들이 의지했던, 눈에 보이는 힘이 사라지고서야 그들은 눈에 보이지 않던 진정한 힘을 깨닫게 되었고 그것을 인정할 수 있게 된 것입니다. 그들은 다윗에게 기름을 부어 그를 온 이스라엘의 왕으로 삼았습니다.

왕의 승리입니다!

헤브론에서 유다족속의 왕이 된 지 칠 년만입니다. 하나님께서 그에게 기름 부으신 때부터 계산하면 훨씬 더 오랜 시간이 흘렀습니다. 마침내 다윗은 온 이스라엘의 왕으로 모습을 드러냈습니다.

그러나 우리의 왕은 아직도 미숙하고 불완전합니다. 왕은 승리했지만 미숙함과 불완전함으로 인해 실패합니다. 왕은 또 자신의 미숙함과 불완전함으로 인해 아픔을 겪습니다. 왕의 실패와 아픔은 끊임없이 왕의 나라를 위협합니다.

지상의 교회도 여전히 미숙하고 불완전합니다. 교회의 머리 되시는 예수님의 십자가의 죽음으로 우리는 이미 죄에 대해 영원한 승리를 거두었지만 이 미숙함과 불완전함으로 인해 여전히 문제에 직면해 있습니다. 하나님나라는 이 문제를 보고 나아가는 나라가 아니라 예수 그리스도를 향하여 나아가는 나라입니다. 예수 그리스도께서 이미 이룬 승리를 우리의 삶 속에서 경험하며 나아가는 것이 곧 하나님나라의 삶인 것입니다. 다윗의 하나님나라를 이야기하는 것은 그 나라가 완전해서가 결코 아닙니다. 그 나라 속에 예수 그리스도의 소망이 숨겨져 있기 때문입니다.

알바트로스라는 해양에서 사는 새가 있습니다. 한자어로는 신천옹(信天翁)이라고 하는데 이름의 뜻을 생각하면 참 재미있습니다. 날개가 긴 새로 알려져 있는데 떠돌이 알바트로스와 같은 종은 그 길이가 4미터 가까이 이른다고 합니다. 광활한 바다 위를 큰 날개로 유유히 나는 모습을 상상해 보십시오. 멋질 것 같지 않습니까? 하지만 그 멋진 날개도 땅에 내려오면 움직이는 데 방해가 될 뿐입니다.

근대시의 문을 연 프랑스의 시인 샤를르 보들레르는 창공의 왕자였던 이 새가 뱃사람들에게 붙들려 우스꽝스런 모습이 되어버린 것을 보고 멋진 시로 형상화했습니다.

흔히 뱃사람들은 장난삼아
거대한 알바트로스를 붙잡는다.
바다 위를 미끄러져 가는 배를
항해의 동행자인 양 뒤쫓는 게으른 바다 새를.

갑판 위에 내려놓으면, 이 창공의 왕자들
어색하고 창피스런 몸짓으로
커다란 흰 날개를 끄는구나.
이 날개달린 항해자가 그 얼마나 어색하고 나약한가!
한때 그토록 멋지던 그가 얼마나 가소롭고 추악한가!
어떤 이는 담뱃대로 부리를 지지고,
어떤 이는 절뚝절뚝, 날던 불구자 흉내 낸다!

시인도 폭풍 속을 드나들고 사수(射手)를 비웃는
이 구름 위의 왕자 같아라.
야유의 소용돌이 속 지상에 유배되니

그 거인의 날개가 걸음조차 방해하네.

(보들레르의 시 '알바트로스' 전문)

창공을 날 때의 우아함은 어디 가고 그 큰 날개로 인해 뱃전에 붙들려 뒤뚱거리는 모습 때문에 조롱당하는 이 바닷새의 처지를 보면서 시인은 세상의 삶에서 자꾸 어긋나는 자신의 모습을 본 것입니다. 큰 날개를 쫙 펴고 구름 위를 넘나들 때는 왕자와 같은 풍모였으나 뱃전에서는 오히려 그 큰 날개로 우스꽝스러운 존재가 되어버린 알바트로스! '시인'이라는 존재를 이 새에 대비시켜 한없이 높이 끌어올린 시인의 자각이 참 놀랍습니다. 그는 이 시에서 '시인'을 노래했겠지만 나는 '하나님나라의 왕'을 보았습니다.

함석헌 선생께서 자신을 이 새에 비유하여 표현한 적이 있습니다.

"저는 이 새가 좋습니다. 신천옹이라 이름 한 이유는 이놈이 날기는 잘해 태평양의 제왕이라는 말을 들으면서도 고기를 잡을 줄은 몰라서 갈매기란 놈이 잡아먹다가 이따금 흘리는 것을 얻어먹고 살기 때문입니다. 그래 일본 사람은 그 새를 바보새라고 합니다. 제가 좋아하는 이유는 이 바보새란 이름 때문입니다."

하나님께서는 우리를 왕으로 만들어 주셨습니다. 그러나 우리는 여전히 실패하고 바보가 되어버리는 아픔을 겪습니다. 왕은 마땅히 하늘에 있어야 합니다. 그 왕이 땅에 내려오면 세상으로부터 놀림감이 되고 수치를 당할 것입니다. 하늘의 왕 독수리도 하이에나가 뜯어먹고 남긴 썩은 고기에 들러붙어 있을 때는 더 이상 하늘의 왕의 모습이 아니듯이 말입니다.

그럼에도 불구하고 왕의 나라는 세상 나라의 힘과는 분명 다른 힘이 있습니다. 뱃사람에게 붙들려 수치를 당하다가도 다시 날개를 추스르고 날아오를 수 있는 힘 말입니다. 그 힘은 바로 스스로 왕 노릇 하던 '내'가 죽고 내 안에 진짜 왕이 임하시는 것입니다. 하나님나라는 한 알의 밀이 땅에 떨어져 죽지 아니하면 한 알 그대로 있고 죽으면 많은 열매를 맺는 나라이기 때문입니다.(요 12:24 참조) 그 힘으로 왕은 진정한 승리를 얻은 것입니다.

승리한 왕은 그 힘을 앞에 인용한 성경말씀처럼 이렇게 고백합니다.

"나를 높이시고 건지시며 영원케 하신 분은 나의 하나님이시다!"

하나님이 하신 일임을 알고 그분이 자신의 진짜 왕이심을 인정하며 그분의 통치결과에 전적으로 감사할 때 그분께서는 왕을 모든 미숙함과 불완전함으로부터 높여주셨습니다. '여러 민족의 으뜸'으로 삼아 '이방인들이 복종'(시 18:43, 44)하게 하셨고, '순금 관을 그의 머리에 씌우시고, 그에게 영광과 존귀와 위엄'을 덧입혀 주셨습니다.(시 21:3, 5 참조)

승리한 왕은 노래하며 선포할 것을 촉구합니다.

> 온 땅이여 여호와께 노래하며 그의 구원을 날마다 선포할지어다
> 그의 영광을 모든 민족 중에, 그의 기이한 행적을 만민 중에 선포할지어다 (대상 16:23, 24)

승리한 왕은 그분께 합당한 영광과 경배를 드릴 것을 명령합니다.

> 여러 나라의 종족들아
> 영광과 권능을 여호와께 돌릴지어다 여호와께 돌릴지어다
> 여호와의 이름에 합당한 영광을 그에게 돌릴지어다
> 제물을 들고 그 앞에 들어갈지어다
> 아름답고 거룩한 것으로 여호와께 경배할지어다 (대상 16:28-29)

그리고 마침내 승리한 왕은 모든 세계가 그분의 통치 아래 있음을 선언합니다.

> 하늘은 기뻐하고 땅은 즐거워하며 모든 나라 중에서는 이르기를 여호와께서 통치하신다 할지로다 (대상 16:31)

승리한 왕은 선포와 명령과 선언으로 왕의 승리를 확정했습니다. 다윗은 하나님나라 이스라엘의 진정한 왕이 된 것입니다.

'주님, 왕의 승리를 경험하며 살고 싶습니다!'

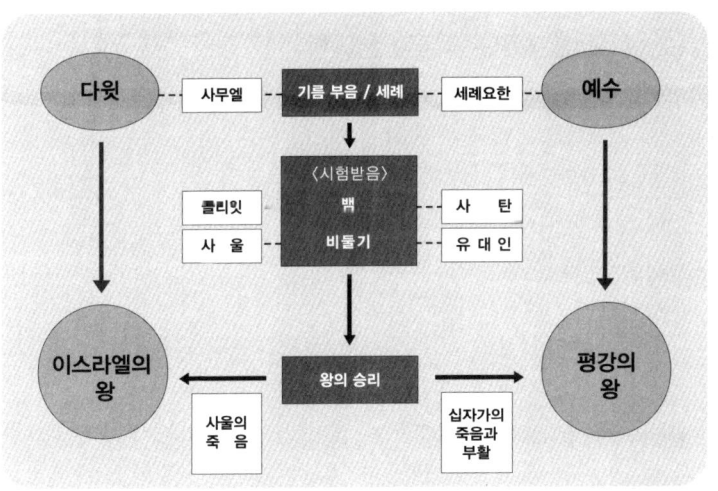

Chapter 04 | 다윗의 하나님나라

Victory of King

이새의 줄기에서 한 싹이 나며 그 뿌리에서 한 가지가 나서 결실할 것이요 그의 위에 여호와의 영 곧 지혜와 총명의 영이요 모략과 재능의 영이요... 그의 남아 있는 백성 곧 앗수르에서 남은 자들을 위하여 큰 길이 있게 하시되 이스라엘이 애굽 땅에서 나오던 날과 같게 하시리라 사 11:1-16

04 다윗의 하나님나라

🌿

이새의 줄기에서 한 싹이 나며 그 뿌리에서 한 가지가 나서 결실할 것이요 그의 위에 여호와의 영 곧 지혜와 총명의 영이요 모략과 재능의 영이요 지식과 여호와를 경외하는 영이 강림하시리니 그가 여호와를 경외함으로 즐거움을 삼을 것이며 그의 눈에 보이는 대로 심판하지 아니하며 그의 귀에 들리는 대로 판단하지 아니하며 공의로 가난한 자를 심판하며 정직으로 세상의 겸손한 자를 판단할 것이며 그의 입의 막대기로 세상을 치며 그의 입술의 기운으로 악인을 죽일 것이며 공의로 그의 허리띠를 삼으며 성실로 그의 몸의 띠를 삼으리라 그 때에 이리가 어린 양과 함께 살며 표범이 어린 염소와 함께 누우며 송아지와 어린 사자와 살진 짐승이 함께 있어 어린 아이에게 끌리며 암소와 곰이 함께 먹으며 그것들의 새끼가 함께 엎드리며 사자가 소처럼 풀을 먹을 것이며 젖 먹는 아이가 독사의 구멍에서 장난하며 젖 뗀 어린 아이가 독사의 굴에 손을 넣을 것이라 내 거룩한 산 모든 곳에서 해 됨도 없고 상함도 없을 것이니 이는 물이 바다를 덮음 같이 여호와를 아는 지식이 세상에 충만할 것임이니라 그 날에 이새의 뿌리에서 한 싹이 나서 만민의 기치로 설 것이요 열방이 그에게로 돌아오리니 그가 거한 곳이 영화로우리라 그 날에 주께서 다시 그의 손을 펴사 그의 남은 백성을 앗수르와 애굽과 바드로스와 구스와 엘람과 시날과 하맛과 바다 섬들에서 돌아오게 하실 것이라 여호와께서 열방을 향하여 기치를 세우시고 이스라엘의 쫓긴 자들을 모으시며 땅 사방에서 유다의 흩어진 자들을 모으시리니 에브라임의 질투는 없어지고 유다를 괴롭게 하던 자들은 끊어지며 에브라임은 유다를 질투하지 아니하며 유다는 에브라임을 괴롭게 하지 아니할 것이요 그들이 서쪽으로 블레셋 사람들의 어깨에 날아 앉고 함께 동방 백성을 노략하며 에돔과 모압에 손을 대며 암몬 자손을 자기에게 복종시키리라 여호와께서 애굽 해만을 말리시고 그의 손을 유브라데 하수 위에 흔들어 뜨거운 바람을 일으켜 그 하수를 쳐 일곱 갈래로 나누어 신을 신고 건너가게 하실 것이라 그의 남아 있는 백성 곧 앗수르에서 남은 자들을 위하여 큰 길이 있게 하시되 이스라엘이 애굽 땅에서 나오던 날과 같게 하시리라 **사 11:1-16**

다윗왕국이 남북으로 분열되어 북이스라엘은 앗수르에 넘어지고, 다윗의 혈통을 계승한 남유다는 영적으로 어두워질 대로 어두워진 시기였습니다. 예레미야는 당시의 이스라엘의 죄로 '생수의 근원되는 나를 버린 것과 스스로 웅덩이를 판 것'(렘 2:13), 즉 '하나님 여호와를 버림과 네 속에 나를 경외함이 없는 것'(렘 2:19)을 지적하였습니다. 이 죄악을 안고 가는 다윗의 하나님나라는 불완전했습니다. 그 나라가 완성되기 위해서는 하나님으로부터 흘러나오는 생수가 필요했습니다.

이사야 선지자는 하나님께서 보여주신 생수 되시는 새 왕을 선포합니다.

새 왕은 지혜와 총명의 왕이요 모략과 재능의 왕이요 지식과 여호와를 경외하는 왕이 될 것입니다. 새 왕은 눈에 보이는 대로 심판하지 아니하며 귀에 들리는 대로 판단하지 아니하며 공의로 가난한 자를 심판하며 정직으로 세상의 겸손한 자를 판단할 것이며 그의 입의 막대기로 세상을 치며 그의 입술의 기운으로 악인을 죽일 것이며 공의로 그의 허리띠를 삼으며 성실로 그의 몸의 띠를 삼을 것입니다. 그는 만민의 기치로 설 것이요 열방이 그에게로 돌아오게 될 것입니다. 불완전하고 미숙하여 황폐해질 대로 황폐해진 다윗의 하나님나라를 회복시키고 자비와 공의로 다스리실 왕으로 오실 것입니다.

베들레헴 땅으로 그 왕이 오셨습니다.

하나님나라는 하나님의 통치를 믿고 따르는 자들이 만들어가는 나라입니다. 예수 그리스도가 하나님의 아들이시며 우리의 죄를 대속하시기 위해 이 땅에 사람의 형상으로 오셔서 십자가를 지셨으며 죽음에서 부활하심을 믿고, 그분이 우리의 주가 되심을 인정하면, 우리는 하나님의 전적인 은혜로 하나님나라의 시민권을 얻게 됩니다. 하나님나라의 시민으로 우리의 신분은 바뀌었고 동시에 영생의 삶이 시작된 것입니다. 신분이 바뀌면 그 신분에 걸맞게 삶이 바뀌는 것이 당연하지만 신분이 바뀌었다고 해서 반드시 삶이 바뀌었다고는 할 수 없습니다. 구원으로 얻은 시민권은 하나님나라의 필요조건이긴 하지만 충분조건은 아니기 때문입니다.

하나님나라의 백성이 되었으면 마땅히 그 나라의 백성답게 살아야 합니다.

그렇다면 어떻게 사는 것이 하나님나라의 백성다운 삶입니까?

매우 포괄적인 질문이어서 여러 가지 대답이 나올 법 하지만 사실 답은 하나입니다. 하나님 말씀대로, 다시 말하면, 하나님이 세우신 삶의 기본원리에 따라 성경적으로 사는 것입니다. 하나님을 믿지 않는 자들은 물론이고 그리스도인들조차도 하나님 말씀대로 사는 것은 정말 어렵다, 아니 거의 불가능하다고까지 말합니다. 이 말은 하나님 말씀대로 살지 않는 것이 쉽고 편하다는 뜻이기도 합니다. 이것은 사실 비교적 늦은 나이에 예수님을 믿은 나 자신의 고백이기도 하기 때문에 누가 이렇게 말한다고 해서 비난하거나 정죄할 생각은 추호도 없습니다.

그러나 분명하게 말할 수 있는 것은 지금 이 상태로 사는 것은 결코 하나님나라 백성답지 않는 모습이라는 것입니다. 어떻게 보면 하나님 말씀대로 사는 것이 오히려 더 단순한 삶인데 왜 사람들은 더 어렵다고 합니까? 그것은 하나님나라가 우리의 선행이나 공로와 같은 열심만으로 이루어지는 것이 아니라 우리의 마음에 임하는 나라이기 때문일 것입니다.

우리는 하나님을 믿는 자들입니다. 하나님나라의 백성답게 살려면 하나님의 계획, 하나님의 방식을 이해해야 합니다. 이것을 이해하기 위해 하나님께서 왜 이스라엘 백성들에게 법을 주셨을까 하는 질문을 해볼 수 있습니다. 이스라엘 백성들이 애굽을 나와 시내산에 도착했을 때 하나님께서는 그들과 언약식을 치르고 그들에게 처음으로 계명과 성막의 모형을 주셨습니다. 언약의 핵심은 출애굽기 19장 5절에서 6절에 나와 있습니다. 하나님께서는 이스라엘 백성을 "내 소유로, 제사장 나라로, 거룩한 백성으로" 만들겠다는 것입니다. 그런데 조건이 있습니다. "내 말을 잘 듣고 내 언약을 지키면" 그렇게 해주시겠다는 것입니다.

레위기 26장에서도 이것을 다시 말씀하십니다.

"너희가 내 규례와 계명을 준행하면/ 내가 너희에게 철따라 비를 주리니 땅은 그 산물을 내고 밭의 나무는 열매를 맺으리라/ 너희의 타작은 포도 딸 때까지 미치며 너희의 포도 따는 것은 파종할 때까지 미치리니 너희가 음식을 배불리 먹고 너희의 땅에 안전하게 거주하리라/ 내가 그 땅에 평화를 줄 것인즉 너희가 누울 때 너희를 두렵게 할 자가 없을 것이며 내가 사나운 짐승을 그 땅에서 제할 것이요 칼이 너희의 땅에 두루 행하지 아니할 것이며/ 너희의 원수들을 쫓으리니 그들이 너희 앞에서 칼에 엎드러질 것이라/ 또 너희 다섯이 백을 쫓고 너희 백이 만을 쫓으리니 너희 대적들이 너희 앞에서 칼에 엎드러질 것이며/ 내가 너희를 돌보아 너희를 번성하게 하고 너희를 창대하게 할 것이며 내가 너희와 함께 한 내 언약을 이행하리라/ 너희는 오래 두었던 묵은 곡식을 먹다가 새 곡식으로 말미암아 묵은 곡식을 치우게 될 것이며/ 내가 내 성막을 너희 중에 세우리니 내 마음이 너희를 싫어하지 아니할 것이며/ 나는 너희 중에 행하여 너희의 하나님이 되고 너희는 내 백성이 될 것이니라"(레 26:3-12)

'내 규례와 계명을 준행하면 내 언약을 이행하시겠다'는 것입니다. 4절부터 나오는 그 풍성한 삶을, 승리의 삶을, 성공의 삶을 주시겠다는 것입니다. 그리고는 도장을 꽉 찍습니다. '나는 너희 하나님이 되고, 너희는 내 백성이 될 것이니라.' 하나님나라의 백성 되는 것이 결론입니다. 그렇다면 하나님께서는 그냥 나는 왕, 너희는 내 백성이라고 사인만 해주셔도 충분할 것 같은데 출애굽기와 레위기의 계명과 그 세세한 법들을 왜 일부러 이스라엘 백성들에게 주셨습니까? 다음 두 절에 계명을 주신 이유가 나와 있습니다.

> 곧 이스라엘 자손의 부정과 그들이 범한 모든 죄로 말미암아 지성소를 위하여 속죄하고 또 그들의 부정한 중에 있는 회막을 위하여 그같이 할 것이요 (레16:16)

> 너희는 너희가 거주하던 애굽 땅의 풍속을 따르지 말며 내가 너희를 인도할 가나안 땅의 풍속과 규례도 행하지 말고 (레18:3)

첫 번째 이유는 하나님께서 성막을 만들게 하시고 그곳에서 이스라엘 백성들을 만나주시겠다고 하셨는데 그 성막이 죄 가운데 있기 때문이라는 것입니다. 그래서 각종 제사의식과 규례들이 필요하게 된 것입니다. 그것을 통해서라도 우리를 거룩하다 여겨주시고 만나주시겠다는 것입니다. 하나님의 전적인 은혜입니다. 신약시대에서도 성막이 우리의 몸으로 바뀌었을 뿐, 하나님이 임하시기 위해 우리 몸이 거룩해야 하는 것은 마찬가지입니다.

> 또 여기 있다 저기 있다고도 못하리니 하나님의 나라는 너희 안에 있느니라 (눅17:21)

> 너희는 너희가 하나님의 성전인 것과 하나님의 성령이 너희 안에 계시는 것을 알지 못하느냐 누구든지 하나님의 성전을 더럽히면 하나님이 그 사람을 멸하시리라 하나님의 성전은 거룩하니 너희도 그러하니라 (고전3:16-17)

레위기 19장 2절의 "너는 이스라엘 자손의 온 회중에게 말하여 이르라 너희는 거룩하라 이는 나 여호와 너희 하나님이 거룩함이니라"라는 말씀처럼 하나님은 거룩하신 분이십니다. 그분을 만나기 위해서는 우리도 거룩해야 합니다. 그런데 문제가 있습니다. 이스라엘 백성들은 여전히 애굽에서의 삶의 방식을 가지고 있었고, 앞으로 들어가게 될 가나안의 풍속에 영향을 받아 살 것이 뻔합니다. 도무지 우리의 방식으로는 거룩해질 수가 결코 없습니다. 그래서 새 나라인 가나안에 들어가기 전에 미리 법을 주셔서 하나님나라의 백성답게 사는 법을 가르쳐 주신 것입니다. 이것이 계명을 주신 두 번째 이유입니다. 구약은 이처럼 언약을 통해 이스라엘 백성들에게 계명을 주시고 그것을 지켜 행하게 함으로써 그들을 하나님나라의 백성으로 만드시고자 하는 하나님의 계획이요 방식입니다.

이스라엘 백성들은 실패했습니다. 그들은 하나님의 방식과 계획을 이해하지 못했습니다. 그 때문에 다윗의 하나님나라는 불완전할 수밖에 없었습니다. 하나님나라의 완성을 위해 하나님께서는 이사야를 통해 미리 말씀하셨던 생수 되시는 예수 그리스도를 이 땅에 보내신 것입니다. 예수 그리스도를 믿음으로 구원은 받았으나 아직 우리 마음 안에는 여전히 타락한 옛 본성이 남아있어서 하나님이 왕이 아니라 정욕이 왕 노릇 하고 있습니다. 바울은 이러한 마음의 상태를 로마서에서 다음과 같이 기록합니다.

> 하나님을 알되 하나님을 영화롭게도 아니하며 감사하지도 아니하고 오히려 그 생각이 허망하여지며 미련한 마음이 어두워졌나니 스스로 지혜 있다 하나 어리석게 되어 썩어지지 아니하는 하나님의 영광을 썩어질 사람과 새와 짐승과 기어 다니는 동물 모양의 우상으로 바꾸었느니라 그러므로 하나님께서 그들을 마음의 정욕대로 더러움에 내버려 두사 그들의 몸을 서로 욕되게 하게 하셨으니 이는 그들이 하나님의 진리를 거짓 것으로 바꾸어 피조물을 조물주보다 더 경배하고 섬김이라 (롬 1:21-25)

하나님의 영광을 위해 사는 것이 아니라 자신의 정욕대로 살고 있는 타락한 모습 그대로입니다. 타락한 모습의 뿌리는 우리의 마음에 있다고 말합니다. 하나님나라가 우리의 마음에서 시작되기 때문에 마음의 변화 없이는 결코 온전한 하나님나라를 경험할 수 없습니다.

바울은 같은 책에서 하나님나라의 속성을 "먹는 것과 마시는 것이 아니요 오직 성령 안에 있는 의와 평강과 희락이라"(롬 14:17)고 했습니다. 하나님나라의 삶은 먹는 것, 마시는 것의 문제가 아니라는 것입니다. 우리의 타락한 본성은 끊임없이 먹는 것, 마시는 것에 집착하게 합니다. 이것들은 다 우리의 몸을 위하여 있는 것들이며 다른 사람과 비교될 수 있는 것들입니다. 때로는 이것들의 차이로 사람들이 나뉘기도 하고, 이것들 때문에 죄를 범하기도 합니다. 바울은 분명하게 말합니다.

"하나님나라는 의와 평강과 희락이라!"

예수님께서는 천국을 여러 가지 비유로 말씀하셨습니다. 자신을 통해 새롭게 임할 하나님나라의 삶에 대하여 복음을 믿는 제자들에게 말씀하시고 싶으신 것입니다.

> 천국은 마치 등을 들고 신랑을 맞으러 나간 열 처녀와 같다
> (마 25:1)

의는 기름 부음으로 유지되는 하나님나라의 자원입니다.

슬기 있는 다섯 처녀의 등불은 꺼지지 않습니다. 세상을 비출 그 빛은 하나님의 영광을 드러낼 것이며, 하나님나라의 왕을 만나 영생의 기쁨을 누리는 통로가 될 것입니다. 다윗에게는 이와 같은

꺼지지 않은 빛이 있었습니다. 이 빛은 그로 하여금 약한 자에서 강한 자가 되게 하였고, 죄를 회개하고 돌이키게 하였으며, 자신의 통치자이신 하나님의 음성을 들을 수 있게 하였습니다. 이 빛이 다윗의 하나님나라를 움직이는 에너지요 자원이 된 것입니다.

> 천국은 마치 밭에 감추인 보화와 같으니 사람이 이를 발견한 후 숨겨 두고 기뻐하며 돌아가서 자기의 소유를 다 팔아 그 밭을 사느니라 또 천국은 마치 좋은 진주를 구하는 장사와 같으니 극히 값진 진주 하나를 발견하매 가서 자기의 소유를 다 팔아 그 진주를 사느니라 (마 13:44-46)

평강은 하나님나라의 능력입니다.

하나님나라는 보물을 품은 자들의 마음속에 임합니다. 이 보물을 품은 자들이 먼저 하나님나라를 화평케 할 것이고 화평케 하는 자가 곧 하나님의 아들이 될 것입니다. 이들이야말로 자기의 소유를 모두 팔아 보화와 값진 진주를 산 자들이며, 이 보화와 진주가 바로 하나님나라의 능력인 것입니다.

다윗은 그 마음에 늘 '여호와의 이름'이라는 보물을 품고 살았습니다. 그것으로 그는 많은 시험 앞에서 담대하였으며 승리하였습니다. 그것으로 그는 대적들이 주는 두려움과 자신이 처한 거친 환경 속에서도 평안을 누릴 수 있었습니다.

> 천국은 마치 사람이 자기 밭에 갖다 심은 겨자씨 한 알 같으니 이는 모든 씨보다 작은 것이로되 자란 후에는 풀보다 커서 나무가 되매 공중의 새들이 와서 그 가지에 깃들이느니라 …천국은 마치 여자가 가루 서 말 속에 갖다 넣어 전부 부풀게 한 누룩과 같으니라 (마 13:31-33)

희락은 하나님나라의 풍성함입니다. 이 풍성함 속에는 겨자씨와 같은 미미한 존재인 우리들로 하여금 많은 열매를 맺게 하고, 새들이 깃드는 나무로 자라게 함으로써 그 안에서의 누림을 맛보게 합니다. 이 풍성함은 또한 적은 양으로도 빵을 부풀게 하는 누룩과 같은 선한 영향력이 있습니다. 의사고시에 수석합격 했다 해도 환자들을 치료할 때 능력이 나타나지 않으면 헛것입니다. 사법고시에 통과하여 연수실적이 뛰어나 경쟁자들을 제치고 법관에 임용되었다 하더라도 재판을 굽게 하면 그것 역시 헛것입니다.

마찬가지로 하나님나라의 풍성함은 우리의 삶에서 증거 되어야 의미가 있습니다. 따라서 신앙의 연조나 직분은 하나님나라의 풍성함과는 아무런 관계가 없습니다. 하나님나라 안에는 채소만 먹을 수 있는 믿음이 연약한 자들이 있고, 모든 것을 먹을 만한 믿음이 있는 자들도 있습니다. 그럼에도 불구하고 형제를 판단하거나 업신여기지 않는 것이 하나님나라의 풍성함입니다.

다윗은 이 풍성함을 누렸습니다. 그가 사울 왕에게 쫓겨 아둘람 굴에 있을 때에도, 헤브론에서 온 이스라엘의 왕이 되었을 때에도,

그에게는 늘 하나님이 주신 풍성함이 있었고, 이 풍성함이 시편에 기록된 것과 같은 수많은 노래로 표현된 것입니다.

다윗의 하나님나라!

많은 피를 흘릴 수밖에 없는 불완전한 나라였습니다. 왕의 죄로 인해 많은 실패와 아픔을 겪을 수밖에 없는 미숙한 나라였습니다. 역사적으로 보면 다윗왕국도 500년 후 마침내는 이 불완전함과 미숙함으로 인해 세상 나라에 무너지고 말았습니다. 불완전하고 미숙한 나라였지만 이사야가 노래한 대로 장차 이 땅에 오실 메시야를 준비한 나라였고, 그 메시야이신 예수님께서 완성하신 하나님나라의 모델이었습니다.

예수님께서 완성하신 하나님나라는 현재형이면서 예수님께서 새 예루살렘 성의 왕으로 다시 오실 때 보게 될 미래형이기도 합니다. 이 시대의 모든 그리스도인들이 다윗의 삶을 거울삼아 다시 오실 예수님을 기다리는 자로서의 복된 삶을 살아가기를 소망합니다.

베들레헴 땅 이새의 뿌리에서 한 싹이 나왔네.
사자와 곰으로부터 아비의 양떼를 지키며
하늘의 별과 달을 친구삼아 수금을 타며 노래하던 소년에게 어느 날 하나님의 영이 임하였네.
악신을 쫓기 위해 왕 앞에서 수금을 타고
여호와의 이름을 위해 골리앗에게 물맷돌을 던졌네.
그 용맹함이 뛰어나 그만한 장수가 없었고
유다 땅에 노래 잘 하기로 그만한 시인이 없었네.
왕이 그를 쫓을 때 한 번도 대들지 않고
광야로 이방 땅으로 음침한 굴속으로
비둘기처럼 피하더니
때가 됨에 하나님께서 높이 들어 올려
이스라엘의 왕으로 세우셨네.
생전에 왕이 당신의 주로 높이던 분이
왕의 뿌리에서 한 의로운 가지로 오셔서
열방의 구원이 되셨고
영원한 나라의 왕이 되셔서
정의와 공의로 다스리시네.
하늘의 왕께서 하시는 일의 광대함과 오묘함이여!

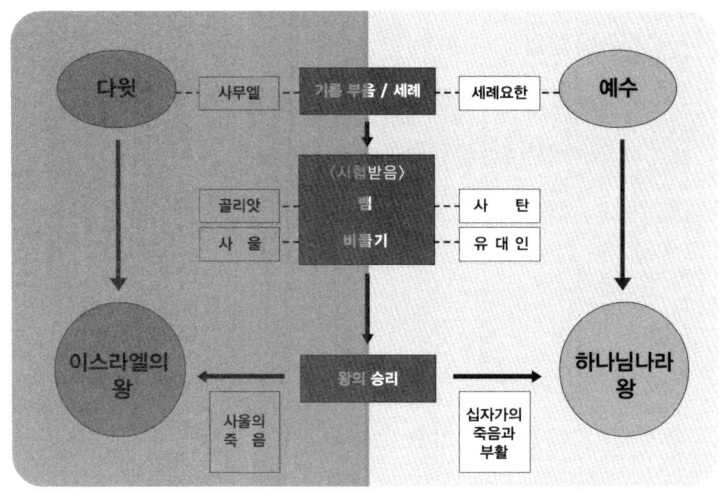

| **그림설명** | 다윗왕국은 예수님의 하나님나라의 모형이자 그림자입니다. 이제 예수님의 몸을 이루며 예수님의 하나님나라를 살아가는 우리에게 다윗왕국은 보고 만져볼 수 있는 하나님나라의 모델입니다.